> **기획의
> 시작점에서**
> 읽어야 할
> 책

모든 아이디어는 ——— 기획서로 완성된다

" 기획의 시작점에서 읽어야 할 책

심정아 지음

천그루숲

머리말

제일기획에서 12년간 마케팅 기획자로 수많은 프로젝트를 진행하면서 느낀 것이 있습니다. 바로 '기획자는 아티스트와 닮아 있다'는 점입니다. 새로운 아이디어를 세상에 내놓는 멋진 일을 한다는 점에서 그렇습니다. 그러나 아티스트와 다른 점도 있습니다. 기획자는 결과물을 세상에 내놓기 전에 반드시 결정권자의 '컨펌'이라는 문턱을 넘어야 한다는 사실입니다. 그래서 기획은 '설득으로 시작해 설득으로 끝난다'고 해도 과언이 아닙니다.

그리고 '기획'이라는 단어에는 늘 따라다니는 단어가 있습니다. 바로 '막막함'입니다. 기획의 출발선은 언제나 막막함에서 시작하기 때문입니다. 그렇다 보니 무엇을 해야 할지 모르는 상황에서 생각을 정리하고, 결정권자를 설득해 현실로 만들어 내는 것이 기획자의 일입니다.

특히 기획의 시작점에 서 있는 주니어 기획자들에게 이 막막함은 더욱 크게 다가옵니다. 대학에서 쓰던 리포트와는 달리, 조직에서의 기획서는 훨씬 더 전문적인 결과물을 요구할 것이라 생각해 지레 겁을 먹기도 하고, 괜히 어려운 용어만 흉내 내다 오히려 읽기 힘든 기획서를 만들기도 하죠. 저 역시 그런 과정을 겪었습니다. 아웃라인 없이 이리저리 그림만 그리다 끝내 결과물을 못 내던 시절이 있었지요.

그래서 그 시절의 저에게 해주고 싶은 이야기를 정리해 이 책에 담았습니다. 기획이라는 세계에 발을 들였거나, 언젠가 발을 들일 사람들…. 그 시작점에서 막막함을 마주한 이들에게 기획의 기본기를 정리해 드리고 싶었습니다. 그리고 그것이 무사히 '컨펌'되기 위한 설득에 대한 이야기들을 독자 여러분과 나누고 싶었습니다.

이 책은 총 다섯 개의 파트로 구성되어 있습니다.
Part 1에서는 반드시 통과되는 기획서의 조건을,
Part 2에서는 전략과 실행을 연결하는 논리력을,
Part 3에서는 아이디어를 확장하는 생각법을,
Part 4에서는 상대를 움직이는 설득의 기술을,
Part 5에서는 기획력을 빠르게 높일 수 있는 실전 훈련법을 다룹니다.

각 파트마다 실제 사례와 경험을 바탕으로 설명했기 때문에, 단순히 읽는 데서 끝나지 않고 곧바로 실무에 적용할 수 있을 겁니다. 책을 읽는 방법은 간단합니다. 처음부터 끝까지 차례대로 읽어도 좋고, 지금 당장 필요한 부분만 골라 읽으셔도 무방합니다. 기획서 작성에 자신이 없을 때, 아이디어가 막혔을 때, 혹은 발표를 앞두고 불안할 때 필요한 부분을 꺼내 읽어 보시길 권합니다.

마케팅의 구루로 불리는 세스 고딘이 할 수 있는 이야기가 따로 있고, 삼성그룹의 최초 여성 임원이었던 제일기획 최인아 부사장님이 세상에 해줄 수 있는 말이 따로 있으며, 또 회사 대표님들이 전할 수 있는 노하우가 따로 있을 겁니다. 그리고 저처럼 기획서로 고생하다 극복한 현직 선배가 할 수 있는 공감과 실무 이야기가 따로 있다고 생각합니다.

이 책이 여러분에게 기획의 막막함을 넘어 새로운 출발선에 설 수 있는 시작점이 되기를 바랍니다. 저의 시행착오와 고민이, 누군가에게는 한 발 더 빠른 성장을 위한 '지름길'이 될 수 있다면 그것만으로도 충분히 의미 있을 것입니다.

심정아

Contents

머리말 5

프롤로그 모든 마케팅은 기획서에서 시작된다 11

PART 1

반드시 통과되는 기획서의 조건

01 결정의 근거를 주는 기획서 … 22

02 기획자에게 필요한 4가지 능력 … 31

03 템플릿에서 벗어난 기획서 … 36

04 기획서의 7단계 작성법 … 40

PART 2

기획의 시작, 논리력

01   기획서의 두 축, 전략과 실행 ⋯ 53

02   전략단의 3단계 논리흐름 ⋯ 58

03   전략단의 다양한 문제 해결법 ⋯ 68

04   전략단의 분석과 인사이트 ⋯ 77

05   전략단의 구성요소 ⋯ 83

06   실행단의 구성요소 ⋯ 98

07   기획서 작성 사례 ⋯ 106

PART 3

기획의 확장, 생각력

01   포스트잇 생각법 ⋯ 122

02   조인트 생각법 ⋯ 130

03   반수면 생각법 ⋯ 138

04   자료수집 스킬 ⋯ 141

PART 4

기획의 완성, 설득력

- 01 문서 정리의 4가지 원칙 ··· **150**
- 02 진짜 설득은 마음에서 나온다 ··· **161**
- 03 설득력을 높이는 스토리텔링 ··· **170**
- 04 결정권자를 안심시키는 노하우 ··· **181**
- 05 호감을 얻는 인트로의 기술 ··· **190**
- 06 강력한 컨셉의 법칙 ··· **196**

PART 5

기획력을 높이는 특별한 필살기

- 01 기획서 필사 ··· **205**
- 02 기획서, 역으로 유추해 보기 ··· **210**
- 03 좋은 문장과 단어 수집 ··· **215**
- 04 기획력을 높이는 회의법 ··· **222**
- 05 이기는 생각 vs 지는 생각 ··· **225**

참고문헌 ··· **231**

프롤로그

모든 마케팅은
기획서에서 시작된다

유재석, 김희철, 김종민 등과 함께한 '예능 촬영'

가수 크러쉬와 비긴어게인 팀이 만든 '플레이리스트'

TV 브랜드 캠페인에서 정상훈과 함께한 '퀴즈쇼 라이브'

유명 뷰티·패션 인플루언서들과 '유튜브 콘텐츠 제작'

월드컵 시즌을 겨냥한 '축구 게임 이벤트 기획'

글로벌 고객들을 본사로 초대한 '투어 프로그램'

수천 명의 대학생과 임직원이 함께한 '멘토링 프로젝트'

데이터를 활용해 수천 개의 '타기팅 메시지를 만든 캠페인'

올림픽 현장을 무대로 한 '앱 개발'

톱 모델들과 함께한 '방구석 패션쇼 라이브 송출'

패션, 음악, 게임, 예능, 프로모션, 소셜 라이브, 데이터 분석까지 공통점을 찾을 수 없는 전혀 다른 분야처럼 보이는 이 모든 프로젝트들은 제가 기획하고 실행한 결과물들입니다. 그렇다면 이렇게 공통점이 없어 보이는 다양한 일을 하는 제 직업은 무엇일까요? 저는 매번 새로운 분야를 기획하고 실행하는 '마케팅 기획자'입니다.

마케팅이라는 분야는 범위가 매우 넓습니다. 예를 들어 이솝(Aesop)처럼 브랜딩만 하고 별도의 마케팅을 하지 않는 브랜드도 있고, 반대로 데이터를 분석해 매출을 극대화하는 것이 핵심인 마케팅도 있죠. 마케팅이 무엇인지 깊이 파고들기 시작하면 몇 학기 수업을 들어야 할 정도로 방대한 영역이지만, 제가 이제부터 이야기하려는 것은 광고회사 실무자가 실제로 회사에서 기획하는 과정에 대한 내용입니다.

실무적인 관점에서 본 마케팅의 주요 업무는 다음과 같습니다.

- 인지도를 높이기 위해 TV, OTT, OOH(옥외)에 공개되는 브랜드 영상과 광고 이미지 제작
- 이와 연계된 소셜미디어, 디지털 영상, 앱 제작, 메타버스 등의 이벤트로 브랜드를 경험하게 하는 디지털 마케팅
- 타깃층에게 메시지 등의 프로모션을 보내 즉각 구매로 이어지게 하는 구매전환 퍼포먼스 마케팅
- 전시, 박람회, 팝업스토어, 매장 행사 등 소비자들이 현장에서 브랜

드를 경험하게 하는 오프라인 마케팅
- 소셜미디어 플랫폼과 실시간 방송으로 즉각적인 구매를 연결하는 라이브커머스

저는 이 중 TV·인쇄 광고를 제외한 모든 온·오프라인 행사, 이벤트, 콘텐츠 제작, SNS, 앱 제작 등의 업무를 담당하고 있습니다. 지금까지 장황하게 제가 거쳐온 일과 마케팅 업무를 나열한 이유가 뭘까요? 바로 '기획'이라는 것을 설명하기 위해서입니다. 이렇게 다양한 프로젝트를 기획하고 실행할 수 있었던 것은 현장에서 치열하게 일하며 쌓아온 '기획력'과 끊임없이 써온 '기획서' 덕분입니다.

기획서는 단순한 문서가 아닙니다. 기획서는 내 아이디어를 설득력 있게 담아내는 그릇이자 마케터의 언어입니다. 하지만 기획 업무를 처음 시작하는 분들에게는 기획서를 쓰는 과정이 매우 부담스러운 일일 겁니다. 기획자는 온종일 PPT를 붙잡고 기획서를 작성하는 직업임에도 불구하고 말이죠. 제 주변에도 '마케팅은 분명 재미있는 일일 거야'라고 기대감을 가지고 시작했지만, 막상 기획서를 쓰는 순간에는 '나는 이 일이 맞지 않는 것 같아'라는 고민을 털어놓는 사람들이 많습니다.

하지만 기획서 작성이 어려운 이유는 아직 기획서의 메커니즘을 모르기 때문입니다. 그래도 다행인 것은 기획서는 많이 경험할수록 익숙해지고 능숙해질 수 있는 영역이라는 겁니다.

그렇다면, 기획서에 '지름길'이 있나요?

아이디어를 논리적으로 정리하려 노트북 앞에서 머리를 싸매다 보면, 문득 '그냥 정답이 있어서 정리만 하면 좋겠다'라는 생각이 듭니다.

얼마 전 10년 넘게 기획을 해온 동료에게 기획서의 노하우에 대한 글을 쓴다고 했더니 그 역시 이렇게 말하더군요.

"근데 기획서를 쓰는데 정답이 따로 있어? 난 매일 막막하던데."

네, 맞습니다. 저를 포함한 모든 기획자들은 항상 이렇게 막막함과 싸우고 있습니다. 10년 넘게 기획 업무를 해온 저도 기획서를 쓰고 실행하는 과정이 한 번도 쉬운 적이 없었습니다. 하지만 기획서에 정답과 템플릿이 존재했다면 이미 AI가 우리 자리를 대신했을지도 모릅니다. 뿌옇고 불확실한 상황 속에서 손에 잡히고 눈에 보이는 실제의 무언가를 만들어 내는 사람들이 기획자이기에, 정답은 없지만 답을 찾아가고 있는 사람들이기에 더 멋있는 직업이라는 생각이 듭니다.

다시, 기획서에 지름길이 있는가에 대한 이야기를 하기 위해 제 이야기를 조금 더 해보겠습니다. 저는 처음부터 광고·마케팅 기획자로 일을 시작한 것은 아닙니다. 대학 졸업 후, 저는 케이블TV, 서울시·경기도 교육청 등에서 아나운서로 활동했습니다. 이후 PR 에이전시에서 기업 홍보 담당자로 일하며 브랜드 보도자료를 작성하고 언론과 커뮤니케이션을 담당했죠. 그러던 중 제일기획과 함께 프로젝트를 진행할 기회가 생겼고, 운 좋게 입사 제안을 받았습니다. 그렇게 저는 광고기획 경험이 전무한 상태에서 말 그대로 기획의 고수들이 모인 회사인 제일기획의 대리급 2년 차 기획자가 되었습니다.

대리급 2년 차면 실무에서 가장 활발하게 일을 하는 연차입니다. 그렇다 보니 회사의 어떤 선배도 "기획서는 이렇게 쓰는 거란다"라면서 알려주지 않습니다. 그건 선배들의 인성과 그분들의 능력과는 상관이 없습니다. 원래 회사의 생리니까요. 저는 남들에게 내 실력을 들키지 않으면서 기획도 잘해야 했고, 기획서도 잘 써내야 했습니다. 하지만 항상 기획이라는 큰 산 앞에서 작아지기 일쑤였고, 결과물 없이 야근만 반복하는 일상이 이어졌습니다.

당시 저에게 기획서를 잘 쓴다는 의미는 문서 디자인을 예쁘고 그럴듯하게 만드는 것이라고 생각했습니다. 무슨 이야기를 쓸지 무슨 내용을 정리할지 생각도 하지 않은 채, PPT만 열어놓고 배경은 무슨 색으로 써야 할지 컬러 팔레트만 만지작거리며 온종일을 보낸 적도 많았고, 남들이 쓴 기획서를 훔쳐보며 그들이 쓴 항목들을 내 PPT에 붙여 넣으며 비슷하게 썼다 지웠다를 반복하면서 하루를 날린 적도 많았습니다.

그렇게 오랫동안 헛수고와 야근이라는 대가를 치르고 나서야 기획서를 쓰기 위해 어떤 능력들이 필요한지, 또 그것을 어떻게 연습해야 하는지, 또 어떻게 구성하고 설득해야 통과가 되는지 등 기획서에 대해 많은 생각들을 정리할 수 있었습니다. 물론 기획이라는 건 1등도 꼴등도 없는 세계지만, 지금은 꽤 괜찮은 타율로 기획서들을 통과시키면서 국내외 굴지 브랜드들의 디지털, 소셜 & IMC 마케팅을 담당하고 있습니다.

그리고 이렇게 고생 끝에 얻은 결론은 '좋은 기획서로 가는 지름길이 있다'라는 것입니다. 기획의 본질과 기획서의 속성, 생각하는 방법, 무엇이 더 내 기획서를 어필할 수 있는지 그 기본을 알고 시작한다면 분명 조금 더 빠르게 길을 찾아갈 수 있습니다.

기획서를 잘 쓴다는 것

기획서를 잘 쓴다는 것은 그저 어떤 프레임워크가 정해져 있는 문서 작성 스킬이 아닙니다. 문서라는 형태로 되어 있을 뿐, 기획서는 비즈니스 관계에 있는 회사의 상황과 그와 함께 일하는 사람, 시장의 흐름과 브랜드의 상황, 트렌드, 아이디어와 예산 등이 모두 종합된 기획의 결과물입니다. 그래서 이 책은 '기획서'를 기반으로 '기획력'에 대한 이야기들을 다루고 있습니다.

처음 써보는 기획서를 붙잡고 수많은 시간을 씨름하며 누구보다 힘든 시간을 보낼 기획의 시작점에 서 있는 기획자들에게 빈 슬라이드에 어떤 생각을 채워 나가야 하는지, 어떻게 써야 같은 생각도 상대의 눈과 마음을 사로잡고 통과되는 기획서가 되는지, 아이디어는 어떤 방식으로 도출하는지, 또 어떤 흐름을 잡고 살을 붙여야 하는지 등 기획서의 다양한 연습법, 생각법과 쓰기법을 소개하려 합니다.

당연히 책을 한 번 읽는다고 기획 천재가 되는 기적은 일어나지 않겠지만, 이 방법론들과 내용들을 통해 처음 발 딛은 혹은 앞으로 발 딛을 회사라는 곳에서 진행하는 기획의 감을 잡아 저처럼 혼자 끙끙대었던 시간의 절대량을 조금이라도 줄일 수 있기를 바랍니다.

여기에 소개된 예시들은 실제로 기획 업무에 쓰이는 흐름에 따라 넣었습니다. 이 예시들이 이야기하는 것이 무엇인지만 익숙해져도 나만의 기획서를 쓸 때 어떤 내용이 들어가야 하는지 분명히 감을 잡을 수 있을 거라고 생각합니다.

이제 기획서를 잘 쓰기 위한 기본원칙과 실전 팁, 그리고 제가 경험하며 배운 노하우들을 하나씩 풀어보려 합니다. 이 책이 기획자의 길을 시작하는 데 작은 길잡이가 되길 바랍니다.

PART 1

"
**반드시
통과되는
기획서의
조건**

INTRO

　회의실에서 잘 준비된 기획서를 들고 프레젠테이션을 합니다. 참석자들은 고개를 끄덕이고, 팀장과 임원이 "좋네, 이걸로 진행합시다"라고 결정합니다. 그 순간, 성취감이 밀려옵니다. 그런데 반대로 분명 내용은 같지만 그저 다른 스타일로 썼을 뿐인데, "이 건은 다시 검토해 봅시다"라는 피드백이 나오기도 합니다. 분명 똑같은 기획이었는데도, 처음부터 기획서를 새로 작성해야 하는 상황이 벌어지게 되는 거죠. 기획자라면 누구나 피하고 싶은 순간입니다. 이처럼 기획의 세계에서는 같은 아이디어라도 기획서를 어떻게 작성하느냐에 따라 결과는 완전히 달라지기도 합니다. 똑같은 에피소드라도 어떤 사람이 말을 하면 너무 재미있는데, 어떤 사람이 이야기하면 갑자기 재미없는 이야기가 되어 버리는 것과 비슷합니다.

　우리는 누군가를 설득할 때, 더 매력적으로 보이고 싶어 합니다. 그래서 같은 말이라도 핵심을 잘 정리해 깔끔하게 전달하거나, 좋은 키워드로 잘 포장하기도 하죠. 때로는 감성에 호소해 상대의 마음을 움직이려 하기도 합니다.

　기획서도 다르지 않습니다. 기획서의 본질은 아이디어에 힘을 실어 '이대로 진행합시다'라는 결정을 이끌어 내는 것입니다. 그래서 단순히 사실을 나열하는 보고서와 달리, 기획서는 매력을 어필하는 문서여야 하죠.

　그렇다면 기획서를 통과시키는 힘은 어디에서 나올까요?

　저는 그 답을 '정리력' '논리력' '생각력' '설득력'의 4가지 기본기에서 찾았습니다. Part 1에서는 기획자를 성장시키는 4가지 필수역량을 중심으로 기획서가 무엇인지 알아보려 합니다.

📁 Level-up Point

- [ ] 기획서의 본질과 필요한 핵심능력
- [ ] 기획력을 키우는 기획서 작성법

01
결정의 근거를 주는
기획서

저는 쇼핑을 할 때 제품이 비슷비슷하거나 확신이 서지 않으면 일단 결정을 미루는 편입니다. 혹시라도 잘못된 결정을 내리지 않기 위해서죠. 마음이 급해서 일단 구매를 하고 나면 머릿속에는 '이건 대충 산 제품'이라는 생각이 남아 찜찜한 기분이 들곤 합니다.

마케팅의 기본원칙을 다룬 러셀 브런슨의 《마케팅 설계자》라는 책에는 이런 문장이 나옵니다. '마음이 혼란스러운 고객은 어김없이 구매를 거절한다.' 즉, 내 결정이 좋은 결정인지 확신이 들지 않으면 사람들은 '일단 미루자'라고 생각하게 된다는 겁니다. 그리고 이 원리는 기획서를 보는 사람들에게도 동일하게 적용됩니다.

결정권자에게 결정 스트레스를 없애 주기

그럼 여기서 한 가지 질문을 해보겠습니다.

'우리에게 기획서를 요청한 부장님이나 클라이언트는 이미 정답을 알고 있을까요?'

대부분의 경우 정답을 알지 못합니다. 기획서를 요청한 사람들도 성과를 내야 하고, 무언가를 해야 한다는 압박을 받고 있지만, 지금은 그들도 명확한 답을 찾지 못해 답답한 상황입니다. 이 상황을 조한솔의《퍼스널 브랜딩》에서는 이렇게 말합니다.

"정답을 모르는 상황에서 사람들은 스트레스를 받고, 심리적인 해방감은 '결정을 정당화할 수 있는 논리'에서 나온다."

이 문장을 읽고 무릎을 탁 쳤습니다. 기획서야말로 결정 스트레스에서 해방시켜 주는 문서이기 때문입니다. 기획자의 아이디어가 좋아서 성과로 이어질 수 있다면 정말 좋겠지만, 기획자는 단순히 아이디어만 제시하는 사람이 아닙니다. 임원이나 클라이언트가 결정을 내릴 수 있도록, 그들이 자신의 결정을 정당화할 수 있는 명확한 논리를 제공해 주는 사람이 바로 기획자입니다. 그 결정이 투자일 수도, 신제품 출시일 수도, 광고일 수도 있습니다.

이처럼 어떤 기획이든 결정권자가 결정을 내릴 수 있도록 돕는 것이 기획서의 본질입니다. 여러분도 한 번쯤 기획서를 보고 '아, 이거 재밌겠

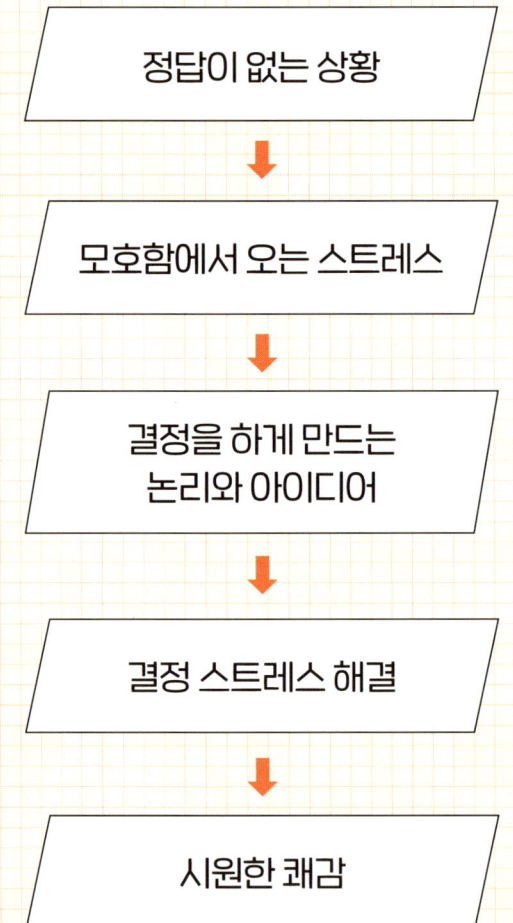

다. 한 번 실행해 보고 싶다'라고 느낀 적이 있을 겁니다. 이 느낌은 결정할 수 있는 명확한 논리에서 오는 시원한 쾌감을 경험한 겁니다. 그래서 좋은 기획서를 만나면 생각이 맑아집니다.

스트레스를 주는 기획서

반대로 결정을 못 내리게 하고 스트레스를 가중시키는 기획서는 어떤 기획서일까요?

1 ___ 너무 많은 안(옵션)을 제시하는 기획서

예전에 열심히 준비해 기획안을 발표했는데, 클라이언트가 다시 새로운 기획서를 요청하거나 고민만 하다가 결정을 미루는 경우가 있었습니다. 분명 A, B, C, D, E의 다섯 가지 옵션까지 준비해 갔는데, 오히려 반응은 더 미적지근했습니다.

'아니, 이렇게 다양한 선택지를 주었는데 왜 좋아하기는커녕 더 괴로워하는 거지?'라고 생각했지만, 클라이언트는 오히려 결정을 더 힘들어했습니다.

이유는 간단합니다. 너무 많은 옵션이 주어지면 오히려 결정 스트레스를 겪기 때문입니다. 중요한 결정을 내려야 할 때 선택지가 많으면 사람들은 그 결정을 미루거나 피하려고 합니다. 이를 '결정회피(Decision

Avoidance)'라고 합니다.

그렇다고 여러 가지 옵션을 제시하지 말라는 뜻은 아닙니다. 각 옵션마다 명확한 논리가 뒷받침되어 있고, 모든 옵션이 결정을 내릴 만큼 충분히 매력적이라면 이는 오히려 강력한 경쟁력이 됩니다. 하지만 논리가 명확하지 않은 옵션을 여러 개 제시하는 것은 오히려 혼란만 가중시킵니다. '이것도 가능하고, 저것도 가능해요!'라는 식의 기획서는 결정권자에게 스트레스만 주게 됩니다. 기획서를 쓸 때 근거가 명확하지 않은 옵션이 많을수록 더 고민할 여지를 줄 수 있다는 점을 항상 염두에 두어야 합니다.

2 ___ 한 가지 안에 여러 개의 논리를 섞어 놓은 기획서

기획서를 작성하다 보면 더 풍성한 기획서를 만들고 싶은 욕심이 생깁니다. 그래서 이런저런 데이터를 추가하고, 관련된 내용도 더 넣고, 다양한 논리를 덧붙이고 싶어지죠.

저도 기획서를 작성할 때 '이것도 좋은 내용인데, 이 아이디어에 이런 방향성을 추가하면 더 설득력이 높아지지 않을까?'라고 생각하며 자료를 추가로 더 넣었던 적이 많았습니다. 그런데 돌아온 피드백은 예상과 달랐습니다.

"다음에 이야기합시다."

왜 이런 결과가 나왔을까요? 분명 좋은 기획과 프로젝트였지만, 한 가지 논리로만 풀어야 할 내용을 이것저것 섞으면서 기획의 초점이 흐려졌기 때문입니다. 기획 PT를 듣고 결정고민에서 해방이 되기는커녕, 오히려 결정 스트레스를 가중시켜 버린 거죠.

예를 들어 여름 시즌 붐업을 위한 〈썸머 시즌 브랜드 캠페인〉 기획안을 작성한다고 해보겠습니다.

- SNS 챌린지 → 브랜드 친밀감 강화
- 유튜버·틱톡커 체험 콘텐츠 제작 → 매출 기여 기대 10억 원
- CSR(사회공헌) 캠페인 - 여름철 환경 문제 해결 → ESG 보고서에도 활용 가능
- 오프라인 프로모션 → 멤버십 가입 목표 1만 명

이 기획안은 겉으로 보면 풍성해 보이지만, 목표는 '매출 상승'인데 기획 내용은 브랜드 이미지·매출·ESG·멤버십처럼 방향이 모두 다릅니다. 결국 결정권자는 '도대체 무엇을 기준으로 판단해야 하지?'라는 고민에 빠지게 되고, 이 프로젝트의 본질은 흐려집니다.

이처럼 기획서는 여러 논리를 섞으면 오히려 힘이 분산됩니다. 날카로웠던 기획이, 여러 개의 방향들이 뒤섞이면서 오히려 무뎌지는 겁니다. 논리 방향이 많아질수록 결정권자의 머릿속은 더욱 복잡해지고 설득력이 떨어져, 좋은 아이디어는 사장되고 맙니다. 따라서 추가 아이디

어 정도로 이야기하면 되는 내용은 기획서 논리 안에 추가하지 말고, 기획서 말미에 부록(Appendix) 정도로 추가해 주면 오히려 명확한 결정을 도울 수 있습니다.

3 ___ 겉핥기식 표현만 가득한 결론을 떠넘기는 기획서

겉핥기식 표현들만 가득한 기획서들이 생각보다 많습니다. 제가 최근에 본 '바이오 스타트업에 대한 홍보와 브랜딩 전략'에 대한 기획서를 예로 들어보겠습니다.

기획서에는 당연히 이 스타트업 회사들을 '왜' '무엇으로' '어떻게' 알려야 할지에 대한 내용이 나와야 하겠죠? 그런데 이 기획서 앞단에는 이미 모두가 다 아는 내용들을 나열해 놓았습니다.

> "바이오 스타트업에 대한 체계적이고 적극적인 홍보가 필요"
> "다양한 입주기업에 대해 맞춤 홍보 지원이 필요"

당연히 홍보가 필요하니까 미션을 받고 이 기획서를 쓰고 있을 텐데, 기획서 앞에 '홍보가 필요하다'는 이야기만 반복하고 있죠. 여기서 더 큰 문제는 기획서에서 나온 결론이 '전략적이고 다양한 홍보'를 하겠다는 겁니다.

> "스타트업 성장 단계별 관심사 맞춤 홍보 진행"
> "입주기업의 동반성장을 위한 선순환 메시지 접근"
> "네트워크를 활용한 적극적이고 전략적인 브랜딩 진행"

몇 문장만 읽어봐도 '관심사 맞춤, 동반성장, 선순환' 등 좋은 단어들을 모두 가져다 써 놓았지만, 도무지 무엇을 어떻게 하겠다는 건지 알 수 없었습니다. 도대체 관심사 맞춤 홍보, 선순환 메시지 접근이 무슨 말일까요? 기획서에 겉핥기식 표현들만 나열되어 있고, 알맹이가 없는 거지요. 그래서 이 기획을 컨펌하시는 분들은 '내가 뭘 컨펌해야 하는 거지?'라고 생각할 겁니다. '설마 기획서인데, 저렇게 쓰겠어?'라고 생각할 수 있겠지만, 정말 많은 기획서들이 무엇을 어떻게 하겠다는 건지는 쓰지 않은 채 필요성만 나열하는 우를 범하고 있습니다.

기획서는 결정권자를 돕는 문서

기획서의 기본은 "그래서 뭘 할 건데?"라는 물음에 정확한 답을 주는 역할을 해야 합니다. 즉, 결정권자가 결정을 내릴 수 있도록 도와주는 문서여야 합니다. 따라서 기획서를 작성할 때는 다음과 같은 원칙을 기억해야 합니다.

- 너무 많은 옵션을 제시하면 오히려 결정 스트레스를 가중시킬 수 있다. 여러 개의 안을 나열하기보다 근거가 명확한 안을 탄탄히 준비해야 한다.
- 한 가지 기획안에는 여러 논리를 섞지 않고, 명확한 한 가지 논리와 맥락으로 풀어 나가야 한다.
- 뻔한 겉핥기식 표현의 나열이 아닌, 분명한 알맹이가 있는 기획서를 작성해야 한다.

02
기획자에게 필요한
4가지 능력

한 예능 프로그램에서 배우 차승원이 연예인의 경쟁력에 대해 이야기한 적이 있습니다. 그는 연예인이 성공하기 위해서는 '실력' '가격(출연료)' '성품' '외모'라는 4가지 요소를 갖춰야 하며, 이 중 2가지 이상이 월등해야 롱런할 수 있다고 말했습니다. 그리고 무엇보다 중요한 것은 '4가지 요소가 모두 최소 50점 이상은 되어야 의미가 있다'고 강조한 점입니다.

이 원리는 우리 기획자에게도 동일하게 적용됩니다. 자료조사만 철저하게 해도, 혹은 아이디어만 뛰어나도 기획서가 완성된다면 좋겠지만 현실은 그렇게 녹록지 않습니다.

기획서는 다양한 능력의 조합으로 이루어지는데, 모든 능력이 기본

이상이 되어야 제대로 된 기획서가 완성됩니다. 결국 잘 쓴 기획서는 단순한 문서가 아니라 여러 가지 능력이 결합된 결과물입니다.

분명 같은 아이디어 회의를 하고 나왔는데도, 어떤 사람이 정리하면 내용이 더 명확하고 매력적인 기획서가 나오기도 하고, 반대로 회의에서는 신선했던 아이디어가 기획서를 거치면서 그저 평범하고 무난한 형태로 변해 버리는 경우도 있습니다. 이처럼 본질적인 내용은 같아도 기획자의 능력에 따라 결과물은 천차만별입니다.

기획서를 잘 쓰기 위한 4가지 능력

기획서를 잘 쓴다는 것은 무엇을 의미할까요? 어떤 사람은 PPT 디자인이 세련되고 근사해야 잘 쓴 기획서라고 말합니다. 어떤 사람은 내용이 깔끔하게 정리되어야 좋은 기획서라고 말합니다. 또 어떤 사람은 아이디어가 좋아야 진짜 좋은 기획서라고 말합니다.

하지만 기획서를 작성하는 데 필요한 능력을 세분화해 보면 기획서를 잘 쓰기 위해서는 4가지 능력이 필요합니다. 그리고 이 4가지 능력은 앞으로 이 책에서 자세히 다루려고 하는 주제이기도 하지요.

1 __ **정리력** : 정리를 잘한다

기획서의 기본은 명확한 정리입니다. 정리 능력은 기획서뿐만 아니라 모든 문서 작업을 하는 데 있어 꼭 필요한 능력입니다. 사실 표와 글이 자글자글한 복잡해 보이는 문서는 일단 열자마자 읽고 싶지 않기 때문입니다.

기획의 어원을 살펴보면 '잘 자른다'는 뜻이 포함되어 있습니다. 즉, 복잡한 정보를 구조화하고 핵심만 추리는 능력이 바로 기획자의 필수역량입니다. 기획서를 쓰다 보면 때로는 내가 준비하고 알아봤던 모든 내용을 다 넣고 싶은 욕심이 생기곤 합니다. 하지만 잘 정리된 기획서는 불필요한 요소를 과감히 제거하고, 핵심만 돋보이게 정리된 문서입니다.

기획서를 읽는 사람이 문서를 열자마자 '읽기 쉽다'라고 느껴야 합니다. 결국 정리력을 기르는 것은 최대한 쉽게 읽히도록 만드는 능력을 기르는 과정입니다.

2 __ 논리력 : 논리적이다

논리력이란 '내가 제안한 기획을 뒷받침할 근거가 탄탄하다'는 겁니다. 기획서를 읽는 사람은 항상 '이 기획이 타당한가?'를 무의식적으로 따져봅니다. 어떤 기획서는 초반 아이디어가 신선해서 처음에는 흥미를 끌지만, 뒤로 갈수록 근거가 탄탄하지 못해 결국 설득력을 잃고 제대로 빛을 보지 못하는 경우도 많습니다.

결국 기획서에서 말하는 논리력이란 내가 하고 싶은 프로그램이나 기획 내용에 '해야 할 근거'를 명확하게 제시하는 능력을 말합니다.

3 __ 생각력 : 기획에 맞는 생각 흐름을 정리한다

　기획에서의 생각력은 그냥 이것저것 정보와 지식을 많이 아는 것이 아니라 마케팅 기획에 맞는 생각의 흐름을 정리하는 것을 말합니다. 여기서 '기획에 맞는 생각의 흐름을 정리한다'는 것은 단순히 정보 정리를 넘어, 새로운 것을 제안할 수 있는 능력을 의미합니다. 즉, 자료와 레퍼런스를 수집하고 분석해 인사이트를 도출한 뒤, 이를 바탕으로 아이디어를 만들어 내는 과정을 잘한다는 것이지요.

　기획에서 '아이디어'라고 하면 너무 어려워 보일 수도 있지만, 꼭 세상에 없던 완전히 새로운 것을 창조해야 하는 것은 아닙니다. 마케팅 업계에서 아이디어란 소비자의 니즈와 시장의 목소리를 듣고 제품과 접점을 찾아내는 능력입니다.

　결국 생각력이란 단순한 정보의 나열이 아니라, 현재 상황과 내 생각을 잘 묶어 새로운 것을 만들어 내는 능력입니다.

4 __ 설득력 : 상대방을 설득한다

　잘 쓴 기획서는 스토리와 감성을 더해 상대방의 마음을 움직이는 힘이 있습니다. 기획서를 읽는 사람의 심리를 이해하고, 어떤 방식으로 정보를 전달해야 상대가 흥미를 가질지 아는 것이죠. 앞서 이야기한 기획서의 '매력'이 바로 여기에 해당됩니다.

　탄탄한 논리를 기반으로, 상대를 설득하는 스토리텔링과 감성적 접근

이 더해진다면 더 강력한 기획서가 될 수 있습니다. 어떤 기획자들은 인트로에서 운을 띄워 궁금증을 유발시켜 다음 내용을 기대하게 만드는 기술을 활용하기도 합니다. 이처럼 상대방의 마음을 움직이는 법을 알고 있다면 기획서는 더욱 강력한 무기가 됩니다.

기획서는 보여지는 문서

기획서는 단순한 내부 문서가 아닙니다. 기획서의 쓰임은 결정권자에게, 더 나아가 소비자에게 보여지는 문서입니다. 따라서 기획서를 쓰기 위한 필수능력인 '정리력' '논리력' '생각력' '설득력'을 일단 50점 이상으로 끌어올리는 것이 우선입니다.

그리고 그중에서도 자신이 특히 강한 영역 한두 개(예 : 논리력, 설득력)를 더욱 뾰족하게 갈고닦는다면 말 그대로 기획서를 '진짜' 잘 쓰는 사람이 될 수 있습니다.

결국 기획서를 잘 쓰기 위해서는 문서 작성 기술의 형식이 필요한 게 아니라, 그 기획서에 담을 내용을 만들기 위한 기획자의 경쟁력이 필요합니다.

03
템플릿에서 벗어난 기획서

'기획서를 잘 쓰는 방법'이라고 하면 많은 사람들이 기술적인 방법론이나 마법의 템플릿이 있을 거라고 기대합니다. 하지만 오히려 진짜 실력은 그런 틀을 과감히 버릴 때 생기게 됩니다. 기획서는 엑셀에서 숫자를 맞추는 회계처럼 정답이 정해진 문서가 아니기 때문입니다. 계속 강조했지만 기획서는 '생각을 정리하고, 이를 설득해 결정권자들에게 파는 문서'입니다.

'기획서가 제품도 아닌데 왜 '판다'고 하나요?'라고 궁금해할 수 있습니다. 이는 바로 기획이 승인되면 예산이 책정되기 때문입니다. 즉, 기획서는 무형의 제품이며, 기획자는 나의 생각을 팔아 예산(돈)을 확보하는 사람입니다.

그런데 생각해 보세요. 결정권자가 어떤 제품을 사려고 하는데, 매번 같은 디자인과 포맷에 내용과 단어만 살짝 바꿔서 신제품이라고 가져오면 어떨까요? 아마도 '이건 새로운 게 아니라 그냥 기존 제품이네'라고 느낄 겁니다. 기획서도 마찬가지입니다. 어떤 틀이나 형식, 템플릿에 갇혀서 생각한다면 늘 뻔한 기획서가 나오게 됩니다.

기획서를 망치는 흔한 실수 - 템플릿의 함정

이렇게까지 여러 번 강조하는 데에는 이유가 있습니다. 사실 주니어 기획자일수록 템플릿의 유혹에서 벗어나기 어렵기 때문입니다. 처음 실무에 투입되면 기획의 본질도, 풀어내는 방법도, 기획서의 톤앤매너도 모르는 상태이기 때문에 기존 템플릿을 열 수밖에 없죠.

템플릿에는 두 가지 유형이 있습니다. '회사 선배들이 써왔던 기존의 템플릿'과 '온라인에서 다운로드한 기획서 템플릿'입니다. 여기서 분명히 하고 싶은 점은 템플릿 자체가 나쁘다는 것이 아닙니다. 문제는 기획의 시작 자체를 템플릿에서 출발해 그 포맷을 기반으로 편집하고 수정하며 기획서를 작성하기 시작하면 매력 없는 기획서로 가는 지름길이 되어버린다는 겁니다.

저 역시 주니어 시절 기획서를 쓸 때 비슷한 기획서 템플릿을 열어두고, 그 안의 요소를 유지한 채 내 아이디어만 끼워 넣는 방식으로 작성

했었습니다. 아무래도 자연스럽게 기존 양식과 템플릿에 의존하게 되었죠. 템플릿을 사용하면 복사 & 붙여넣기로 쉽게 기획서를 작성할 수 있기 때문입니다. 기획 배경을 기존 템플릿에 맞춰 쓰고, 기획의 목적을 기존 양식에 맞춰 작성하고, 미션과 상세 내용을 추가하고, 예상 결과에 기존에 있는 문구를 복사해 넣었습니다. 그럼 '대충' 기획서가 완성된 것처럼 보입니다.

그런데 그렇게 완성된 기획서를 보면 묘하게 설득력이 떨어지고, 어딘가 어색한 '너의 기획서도 아니고, 나의 기획서도 아닌 요상한 기획서'가 되어 있었습니다. 분명 필요한 내용은 다 들어갔는데 설득은 안 되고, 읽는 사람이 와닿지 않는 기획서가 되어 있는 거죠. 왜 이런 상황이 발생한 걸까요?

1 ___ 아이디어가 갇혀 버린다

템플릿을 사용하면 생각의 틀도 기존 프레임에 갇히게 됩니다. 완전히 다른 기획을 할 수 있음에도, 기존 템플릿을 그대로 사용하면서 내 아이디어를 기존 양식에 맞추는 우를 범하게 됩니다.

2 ___ 불필요한 내용을 억지로 끼워 맞추게 된다

템플릿의 항목을 채우기 위해 굳이 필요 없는 내용을 넣게 됩니다. 예를 들어 원래 내 기획에는 '경쟁사 분석' 항목이 필요 없는데, 템플릿에 그 항목이 있으니 억지로 의미 없는 내용을 짜내어 채우게 되는 거죠.

반대로 정작 강조해야 할 중요한 부분이 기존 템플릿에 없으면 그 내용은 아예 누락되거나 중요하지 않은 부분으로 밀려버립니다. 즉, 내 기획의 핵심(Key)이 날아가 버리는 겁니다.

기존 틀을 벗어나야 성장할 수 있다

이런 방식으로 기획서를 쓰는 것은 기획력 향상에 전혀 도움이 되지 않습니다. 템플릿에 기획을 채워 넣는 방법의 가장 큰 문제는 '기존 틀로 인해 내 생각 자체가 제한된다'는 점입니다. 이미 있는 템플릿에 맞춰 써야 한다는 생각 때문에 그 틀을 넘어 사고할 수 없게 되는 것이죠.

기획서를 잘 쓴다는 것은 주어진 틀 안에 글을 채우는 것이 아니라, 새로운 생각을 만들어 가는 과정입니다. 기획자는 틀을 깨고 나와야 더 성장할 수 있습니다. 더 이상 템플릿에 갇힌 기획서를 쓰지 않았으면 좋겠습니다.

우리는 충분히 더 설득력 있고, 더 큰 기획을 펼칠 수 있는 사람들입니다. 그러니 기존 양식에 의존하지 말고, 내 머리와 생각을 활용하는 연습이 필요합니다.

04
기획서의
7단계 작성법

      기획서를 작성할 때 많은 사람들이 가장 먼저 떠올리는 고민은 '어떻게 시작해야 할까?'일 겁니다. 특히 템플릿 없이 기획서를 작성하려면 더 막막하게 느껴질 수 있습니다. 하지만 우리가 알아야 할 것은 대부분의 프로 기획자들은 무작정 PPT를 열고 작업을 시작하지 않는다는 겁니다. 저 역시 기획서를 작성할 때, 여러 가지 생각정리 과정을 거친 후에야 비로소 PPT 작업을 시작합니다.

   지금부터 기획서를 작성하는 순서를 자세히 설명하겠습니다. 물론 기획자마다 방법이 조금씩 다를 수는 있겠지만 '생각을 정리한 후 기획서 작성을 시작한다'는 원칙에는 큰 이견이 없을 겁니다.

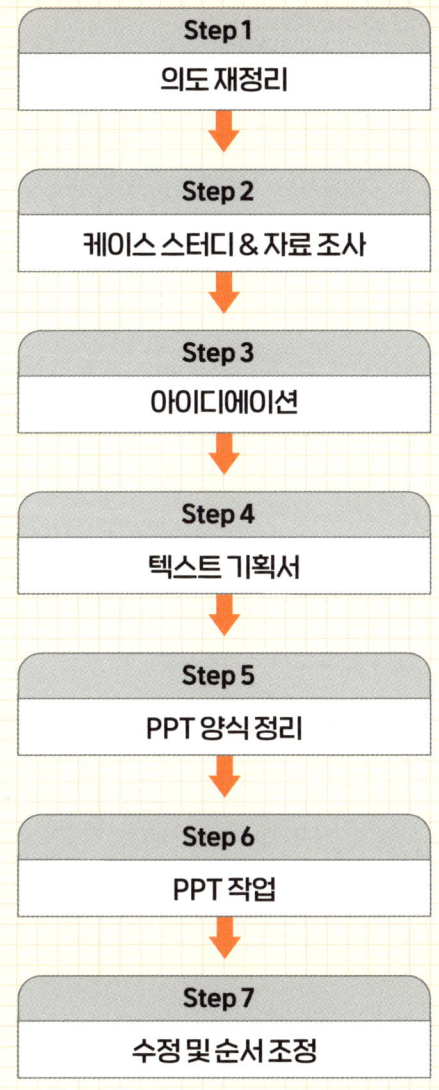

템플릿 대신 아이디어로 시작하는 기획서 작성 순서

1단계 ___ 정확한 의도 재정리

기획서를 작성하기 전에 가장 먼저 해야 할 일은 내가 받은 과제의 범위를 다시 한번 체크하는 겁니다. '의도 재정리'라고 말하는 이유는 이미 받은 과제에서 그대로 일을 하는 것이 아니라 그것을 '나의 기획'으로 바꾸기 위해 내가 이해할 수 있는 범위로 다시 정리하는 것이기 때문입니다. 그러기 위해서는 요청을 한 사람이 팀장님이든 클라이언트든, 그들이 왜 이 요청을 했는지, 무엇을 원하고 있는지를 한 번 더 확인하는 과정이 필요합니다.

- OT(오리엔테이션) 파악하기 : 요청을 한 사람이 팀장님이든 클라이언트든 '왜 이 요청을 했을까?'를 고민해 보고, 그들이 원하는 결과가 무엇인지 정확히 파악해야 합니다.
- 미션 좁히기 : 보통 어떤 기획의 미션을 받았을 때는 범위가 추상적인 경우가 대부분입니다. 그렇다면 이 넓은 범위에서 불필요한 부분을 덜어내고, 내가 진짜 해야 할 일로 좁혀 가는 작업이 필요합니다. 만약 이 과정을 제대로 하지 않으면 기획을 완전히 다시 하거나, 함께 일하는 디자이너나 제작팀들에게 헛수고를 시킬 수도 있으니 기획서를 작성하기 전에 미션을 좁혀서 내가 무엇을 해야 하는지 기획의 의도를 정확히 파악해야

합니다.
- 추상적인 요청 : "MZ세대 고객을 겨냥한 새로운 금융 마케팅을 해주세요."
- 좁힌 미션 : "MZ세대가 하루 한 번 이상 자연스럽게 사용하는 금융 앱의 생활 서비스 아이디어를 제안한다."
• 어렴풋이 결과 예상하기 : 대략적으로라도 '이런 결과물이 나오겠구나'라고 예상해 봅니다.

가능하다면 기획의 의도를 먼저 파악한 후 의뢰자와 방향성을 조율하는 과정을 거치는 것이 좋습니다. 내부 상사라면 "이런 방향이 맞을까요?"라고 가볍게 질문해 보는 것도 도움이 되고, 클라이언트라면 내가 생각하는 프로젝트의 목적과 방향을 사전에 이메일로 합의하여 범위를 좁히면 차후에 발생할 수 있는 엉뚱한 오해를 줄일 수 있습니다.

2단계 ___ 케이스 스터디와 자료 조사

다음으로, 관련 자료를 폭넓게 조사하며 기획의 틀을 잡아가는 과정이 필요합니다.

• 기존 프로젝트 분석 : 과거의 유사 사례를 검토하면서, 어떤 차별화를 가져갈지 고민합니다.

- 레퍼런스 찾기 : 현재 시장 상황, 경쟁사의 동향, 관련된 데이터 등을 조사하며 인사이트를 얻습니다.
- 내 머릿속 정리 : 조사한 자료들을 바탕으로, 내가 내릴 결론과 관련된 생각들을 정리합니다.

3단계 ___ 아이데이션(Ideation)

아이데이션은 수집한 자료와 내 생각을 결합해 미션을 해결할 아이디어를 만들어 내는 과정입니다. 이 단계에서는 방향성만 확인하고 멈추는 것이 아니라 이런저런 생각을 해보면서 '이 미션은 이렇게 푼다'라는 한 문장이 머릿속으로 만들어져야 합니다.

- 핵심 아이디어 정리하기 : 내가 생각한 내용이 주어진 미션과 연결되는지 확인하고, 내 기획서에 무엇을 담을지 결정합니다.
- 한 단어로 정리하기 : 이것저것 떠오른 아이디어를 정리해, 내가 구상한 프로젝트를 한 단어로 표현해 봅니다(예 : 새로운 브랜드 캠페인 → Z세대 대상 캐릭터 굿즈 제작 캠페인)

4단계 ___ 텍스트 기획서 작성

머릿속에서 기획의 방향이 확립되었다면, 이제 본격적으로 '글'로 정리하는 단계입니다. 글로 먼저 정리하는 과정이 중요한 이유는, 이때 기획서의 논리와 흐름이 완성되기 때문입니다.

- 글로 풀어내기 : 워드 파일을 열고, 아이데이션한 내용을 논리적인 흐름으로 작성합니다. 먼저 텍스트로 기획서를 써보면서 내 스스로 설득이 되는지 확인하는 과정입니다.
- WHY – WHAT – HOW 순서로 정리하기 : 이 프로젝트를 '왜 해야 하는가?' '무엇을 해야 하는가?' '어떻게 실행할 것인가?'의 순서로 정리해봅니다.

저는 모든 과정 중에서 이 '테스트 기획서 작성' 부분이 가장 중요하다고 생각합니다. 내 머릿속 정리가 바로 이 과정에서 일어나기 때문이기도 하고, 무작정 PPT를 열고 작업하는 실수를 하지 않기 위해서이기도 합니다.

5단계 ___ PPT 템플릿 및 양식 세팅

기획서를 본격적으로 작업하기 전에, 사용할 디자인 템플릿이나 양식을 미리 준비합니다.

- 공식 디자인 템플릿이 있는 경우 : 회사에서 사용하는 공식 디자인 양식이 있다면 이를 활용합니다.

- 별도 디자인 양식이 없는 경우 : 프로젝트에 맞게 기존에 사용했던 기획서 디자인을 수정하거나, 무료로 배포되는 디자인 템플릿을 다운로드해 활용할 수도 있습니다. 템플릿에서 시작하지 말라는 말은 '기존에 작성되었던 기획서 항목에 맞춰 단순히 내용을 채워 넣지 말라'는 뜻이지 '기존 템플릿을 아예 쓰지 말라'는 의미가 아닙니다. 디자인 템플릿을 만들어도 좋습니다. 배경색, 메인 컬러, 서브 컬러, 메인 폰트 등을 먼저 세팅해 두면 작업이 훨씬 수월합니다. 컬러 작업에 자신이 없다면 핀터레스트나 캔바(Canva)에서 'PPT 템플릿'을 검색해 전문가들의 결과물을 참고하면 됩니다. 이때 내가 기획하고 있는 브랜드의 메인 컬러를 포인트로 잡는 것도 좋습니다.

6단계 ___ PPT 슬라이드 작업

이제 본격적으로 PPT를 작성하는 단계입니다.

- 텍스트를 PPT로 옮기기 : 작성한 텍스트 기획서를 슬라이드에 순서대로 옮깁니다. 그리고 텍스트로 써 놓았던 문장들을 가독성을 고려해 배치합니다.
- 이미지와 자료 삽입 : 텍스트를 나열한 후에는 그 내용에 뒷받침되는 관련 이미지, 차트, 그래프 등을 첨부해 시각적으로 설득력 있는 슬라이드를 만듭니다.

요즘에는 감마(Gamma)와 같은 AI를 이용해 PPT를 빠르게 제작할 수도 있습니다. 기획의 내용이 명확한 경우, AI 도구를 활용하면 PPT 제작의 초반 작업을 훨씬 수월하게 진행할 수 있습니다.

7단계 ___ PPT 수정 및 완성

마지막 단계는 기획서를 다듬고, 매력적으로 보이도록 완성도를 높이는 과정입니다.

- 슬라이드를 읽어보면서 매끄럽게 수정하기 : 꼭 발표를 하지 않더라도 슬라이드 내용을 내 목소리로 읽어보면서 흐름을 점검할 필요가 있습니다. 말로 읽는데 흐름상 논리가 안 맞는 부분이 나온다면 문장을 넣고 빼보는 과정을 반복하면서 수정합니다.
- 말하면서 막히는 부분 수정하기 : 기획서를 읽다가 어느 부분에서 말이 막힌다면 그 문장은 수정해야 할 가능성이 큽니다. 글의 순서를 바꾸거나 내용을 다듬어서 자연스럽게 정리해 보세요.

PART 2

> **기획의 시작,**
> **논리력**

"아니, 문서에 논리가 없잖아, 논리가!"

이런 말, 한 번쯤 들어보신 적 있을 겁니다. 많은 사람들이 기획서에는 반드시 '논리'가 있어야 한다고 말합니다. 그렇다면 여기서 말하는 논리란 정확히 무엇을 의미할까요?

논리에 대해 알아보기에 앞서 우선 설득의 기본요소부터 짚고 넘어가야 합니다. 커뮤니케이션학, 글쓰기, 언론정보, 광고홍보 관련 학과를 전공한 분들이라면 한 번쯤은 들어보았을, 고대 그리스 철학자 아리스토텔레스의 '설득의 3요소'를 소개하겠습니다. 설득은 보통 셋이 짝을 이룹니다. '로고스(Logos)' '파토스(Pathos)' '에토스(Ethos)'입니다.

로고스(Logos)는 이성과 논리를 기반으로 한 설득방식입니다. 상대방이 수긍할 수 있는 타당한 근거를 제시하여 팀장, 임원, 클라이언트를 납득시키는 방식이지요. 기획서에서 '로고스', 즉 논리는 선택이 아니라 필수입니다. 기획서에는 반드시 논리적 구조와 타당한 설득 근거가 포함되어 있어야 합니다.

파토스(Pathos)는 감성적으로 설득하는 기술입니다. 같은 내용을 전달하더라도 어떤 식으로 포장하느냐에 따라 상대방의 마음을 움직일 수 있고, 결과가 달라지기도 합니다. 저는 이 감성적 설득이 기획서에서 매우 중요하다고 생각합니다. 그래서 파토스에 대한 내용은 Part 4에서 조금 더 자세히 설명드릴 예정입니다.

에토스(Ethos)는 설득하는 사람이나 브랜드의 신뢰와 관련된 요소입니다. 설득의 메시지를 신뢰하게 만들기 위해서는 사람과 브랜드 자체에 대한 신뢰가 뒷받침되어야 하죠. 'No.1 브랜드' '국내 판매 1위'와 같은 문구들이 대표적인 에토스 기반의 메시지입니다.

예를 들어 이렇게 3가지 설득요소를 활용한 메시지를 보면 이해가 더 쉬울 겁니다.

- 이 화장품은 피부 보습을 48시간 동안 유지해 줍니다. → 로고스(논리적 근거)
- 100만 명의 고객이 이 제품을 사용하고 있습니다. → 에토스(신뢰)
- 피부가 촉촉해지면 행복지수도 올라갑니다. → 파토스(감성)

이처럼 기획서에 설득의 3요소, 셋이 잘 맞물리면 설득은 더 단단해집니다.

그럼 다시 질문으로 돌아가 보겠습니다. 기획서에서 말하는 '논리력'은 무엇일까요? 논리력이란 설득의 3요소 중에서도 '로고스', 즉 타당한 설득 근거를 기획서의 구조 안에서 얼마나 잘 정리하느냐를 말합니다.

Part 2에서는 기획서에서 이 논리적 근거들을 어떤 순서로 넣고, 그 논리를 어떻게 구성해 나가는지를 살펴보려고 합니다. 또한 실무에서 자주 활용되는 마케팅 기획서의 기본 골조는 어떻게 구성되어 있는지도 함께 알아보겠습니다.

📂 Level-up Point

- [ ] 기획서의 논리흐름과 구성요소
- [ ] 기획서의 전략단과 실행단

01

기획서의 두 축,
전략과 실행

저는 제일기획에 입사하기 전, 국내 최고의 광고회사에서 작성하는 기획서에는 어떤 내용이 들어 있고, 어떤 흐름으로 구성되어 있을지 늘 궁금했습니다. 혹시나 기획서 안에 비밀 레시피처럼 특별한 공식이 있지 않을까 기대하기도 했죠.

하지만 실제로 경험해 보니, 멋진 기획서들이 정말 많았지만 특별히 정해진 공식 같은 것은 없었고, 기획서의 형식과 성격이 모두 달라서 깜짝 놀았습니다. 프로젝트의 성격에 따라 풀어가는 방법이 천차만별이었고, 다양한 방식으로 접근되고 있었죠. 그럼에도 불구하고, 공통적으로 발견된 중요한 특징이 하나 있었습니다.

모든 기획서에는 기본적으로 따르는 '논리흐름'이 있고, 자주 포함되는 핵심적인 '구성요소'들이 있다는 점이었습니다. 이것이 바로 기획서의 뼈대, 기본구조입니다.

- 기획서의 논리흐름
- 기획서의 구성요소

기획을 처음 접하는 주니어 기획자라면 좋은 아이디어가 떠올랐다고 해도 그 아이디어를 어떤 순서와 구성으로 기획서 안에 녹여 내야 할지 모르는 건 지극히 당연합니다. 이처럼 기획서를 '논리적으로 작성한다'는 것이 막막하게 느껴진다면 이제부터 소개할 기본적인 구성과 흐름에 따라 기획서의 논리를 하나씩 풀어보는 것에서 시작해 보시기 바랍니다. 기본적인 구성과 흐름을 기준으로 기획서의 뼈대를 잡고 나면 프로젝트 방향에 맞춰 그 위에 나만의 내용을 자유롭게 확장하거나 변형할 수 있습니다.

전략과 실행, 기획서를 구성하는 두 축

기획서는 크게 '전략단(Strategy)'과 '실행단(Planning)'으로 구성됩니다. 이 두 축은 기획서에 꼭 포함되어야 하는 핵심구조입니다.

전략단에서는 어떤 과제를 '왜' 해결해야 하는지, 즉 기획의 방향성과 목적을 설명합니다. 반면 실행단에서는 그 전략을 실제로 '어떻게' 실행할 것인지, 즉 구체적인 실행방안과 아이디어를 풀어내는 단계입니다.

정리해 보면 기획서의 구조는 다음과 같은 흐름을 따릅니다.

- 전략단에서는 '왜(Why) 이 과제를 해야 하는가?' '무엇을(What) 해야 하는가?'를 중심으로 방향을 잡습니다.
- 실행단에서는 전략단에서 도출된 무엇(What)을 '어떻게(How) 실행할 것인가?'를 구체적으로 설명합니다.

만약 기획서에 전략단만 존재한다면 방향은 제시했지만 정작 어떻게 하겠다는 건지 알 수 없는, 알맹이 없는 기획서가 됩니다. 반대로 실행단만 있는 기획서라면 "이걸 왜 해야 하죠?"라는 질문이 바로 따라붙는 논리력이 부족한 문서가 되고 맙니다.

그래서 대부분의 기획서는 '전략 → 실행'의 순서로 작성되고, 앞에서 왜 이 기획을 하게 되었는지를 충분히 설명한 뒤, 이어서 그에 맞는 실행방안을 구체적으로 제시하는 방식으로 구성됩니다.

　그럼, 이제부터 다음의 내용을 차근차근 살펴보겠습니다.

- 전략단은 어떤 논리흐름으로 구성되는가?
- 전략단은 어떤 구성요소들이 들어 있을까?
- 실행단은 어떤 구성요소들이 들어 있을까?

기획서의 구성

전략단 →	실행단
Why / **what**	**How**
이런 미션과 문제를 이런 이유로 'what'으로 해결하겠습니다.	'what'은 이런 상세 내용과 프로세스, 일정과 예산으로 진행될 겁니다.
이 기획을 해야 하는 이유	**구체적인 아이디어의 실행**

02

전략단의
3단계 논리흐름

　　　　　기획서를 쓰다 보면 '전략'이라는 단어가 꼭 들어가게 됩니다. 기획서가 보고서와 구분되는 이유는 바로 '전략'이 있기 때문입니다.

　그런데 우리는 왜 '전략'이라는 단어를 들으면 멋지다고 생각하면서도 어렵게 느낄까요? 아마 그 안에 '복잡한 분석'과 '날카로운 판단'이 함께 담겨 있다고 생각하기 때문일 겁니다. 하지만 전략은 거창한 것이 아닙니다. 쉽게 말해 상황을 분석해 문제를 풀어낼 가장 현실적인 길을 찾는 것, 그것이 바로 전략이고 앞으로 우리가 기획서를 통해 풀어내야 할 일이기도 합니다.

　사실 우리는 알게 모르게 일상에서도 이런 전략적 사고를 하며 살아

가고 있습니다. 예를 들어 친구들과 약속을 잡다가 가고 싶은 맛집을 발견했다고 해볼게요. 그럴 때 우리는 본능적으로 이렇게 말하죠.

"여기 어때? 리뷰가 엄청 좋아."
"여기 가자. 여기 핫 플레이스로 소문 났던데."

이처럼 우리는 어떤 제안을 할 때 자연스럽게 '이유'와 '근거'를 붙여 상대를 설득합니다. 단순히 "여기 가자"가 아니라, 왜 이곳을 선택했는지를 설명하면서 선택을 유도하는 것이죠. 이렇게 친구들에게 맛집 하나를 추천할 때도 근거가 필요한데, 하물며 수백만 원, 수천만 원의 예산이 걸린 기획서라면 당연히 설득의 근거, 즉 논리가 필요합니다.

> **논리 = 분석 근거 + 주장**

기획서는 결정권자가 예산을 집행하거나 프로젝트를 승인하는 역할을 맡고 있다고 했죠. 수백만 원에서 많게는 수억 원까지 비용을 집행해야 하는데, '왜 이 비용을 들여 이것을 해야 하는가?'에 대한 타당한 이유를 제공하는 것이 매우 중요합니다. '근거로 정당성을 만들어 주는 것' 이것이 기획서에서 말하는 논리입니다.

전략단의 논리흐름 만들기

우리가 회사라는 조직에 속해 기획서를 작성해야 하는 상황은 크게 두 가지로 나눌 수 있습니다.

첫째, 매출 상승, 인지도 개선, 서비스 개편 등 미션을 받고 목표를 달성해야 하는 경우
둘째, 문제가 발생해 해결해야 하는 경우

이처럼 우리에게 주어지는 상황은 그때그때 다를 수 있습니다. 매출을 올려야 할 때도 있고, 갑작스럽게 발생한 문제를 풀어야 할 때도 있죠. 하지만 기획서의 뼈대는 언제나 같습니다. 그것이 바로 '전략단의 3단계 논리흐름'입니다. 저 역시 기본적인 기획안을 만들 때도, 복잡한 프로젝트를 다룰 때도 이 구조를 기본 골격 삼아 기획안을 세우고, 거기에 필요한 살을 붙여 기획서를 완성합니다.

좋은 기획서는 "이걸 왜 해야 하죠?"라는 질문이 나오지 않는 기획서입니다. 논리가 탄탄하면 기획서만 봐도 이유에 대한 답이 물 흐르듯 나오기 때문에 추가 질문이 나오지 않는 거죠. 이제 이 구조가 실제로 어떻게 적용되는지 두 가지 사례를 통해 살펴보겠습니다.

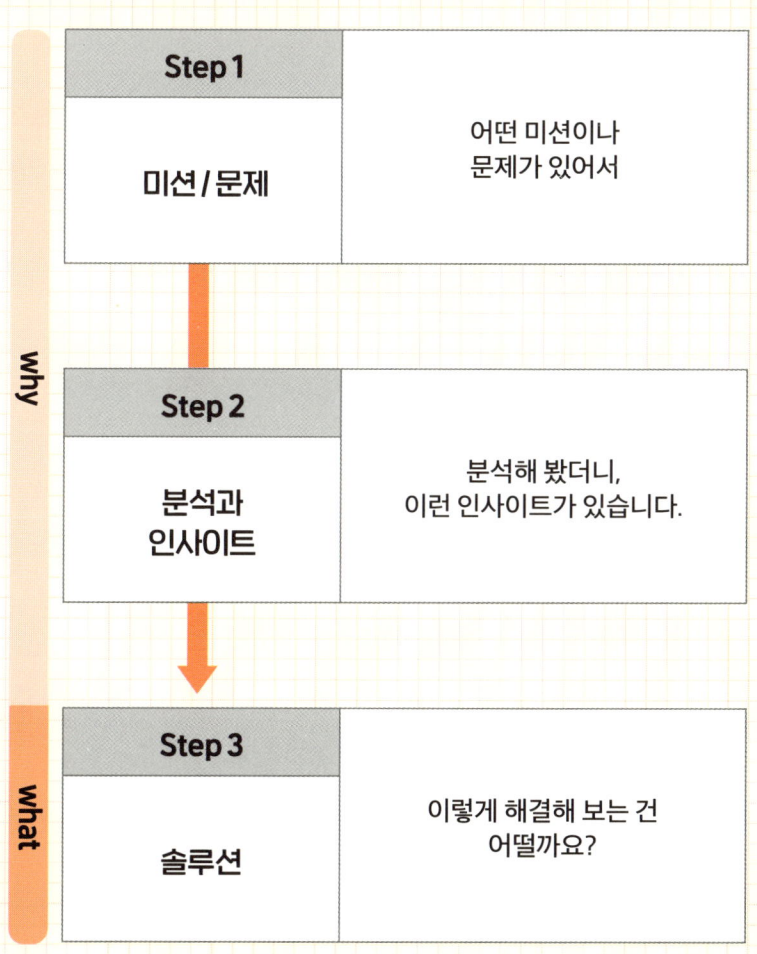

사례 ① __ 미션이 주어진 경우

팀장님이 "우리 커피 브랜드 '별별커피'의 긍정 이미지를 높일 수 있는 아이디어 기획안을 가져와 봐"라고 미션을 줬습니다.

이 미션을 받고 나는 고민 끝에 '오늘의 집'이라는 플랫폼과의 협업 아이디어를 떠올렸습니다. 그래서 바로 기획서 첫 페이지에 〈오늘의 집 입점 및 마케팅 플랜〉이라고 제목을 쓰고, 입점방법, 수수료, 이벤트 구상까지 열심히 작성해 보고를 드렸습니다.

오늘의 집 입점 및 마케팅 플랜

- 입점방법
- 입점제품
- 수수료
- 제휴 이벤트 진행

그런데 이 기획서를 본 팀장님이 이렇게 묻습니다.

팀장님 : 그런데 이거 왜 해야 하는데?
나 : 브랜드 긍정 이미지에 좋을 것 같아서요.
팀장님 : 그러니까 이게 왜 긍정 이미지에 효과가 있는 거냐고?

이미 상세한 실행계획을 적어놨음에도, 이런 질문이 나온다는 건 기획서에서 '왜' 해야 하는지에 대한 논리를 제대로 제시하지 못했다는 의미입니다. 이럴 때 필요한 것이 바로 '전략단의 3단계 논리흐름'입니다.

Step 1은 미션 단계로, 나에게 주어진 과제인 '별별커피 브랜드의 긍정 이미지 확보'라고 정확히 미션부터 짚어줍니다.

전략단의 3단계 논리흐름 – 미션 발생

Step 1. 미션 : 나에게 주어진 미션 확실히 하기
- '별별커피 브랜드' 인지도와 긍정적인 이미지 확보

Step 2. 분석과 인사이트 : 데이터를 살펴보고 인사이트 작성
- 2024 미디어 트렌드(Life 편)와 타 브랜드 사례와 SNS 해시태그 분석 결과,
- '홈 인테리어와 커피' 사이에 심리적 연결성이 높음
  사람들은 집에서도 커피를 대충 마시지 않음
  가장 예쁜 내 공간에서 내 취향의 커피를 마시고 싶어함
  실제로 건설사에서도 커피 브랜드와 함께 협업 중
  즉, 집과 커피를 연결짓는 라이프스타일 트렌드 → '별별커피'의 긍정 이미지 강화

Step 3. 솔루션 : 해결방안 또는 아이디어 제시
- No.1 인테리어 플랫폼 '오늘의 집' 앱에 입점
- 브랜드와 콜라보 이벤트 진행

Step 2는 분석과 인사이트 단계로, 내가 왜 '오늘의집'과 콜라보를 하려고 하는지 이유가 있어야겠죠. 커피와 인테리어를 좋아하는 타깃층들이 공통의 관심사를 가지고 움직인다는 조사 결과도 써주고, 인테리어 플랫폼에서 커피 한잔을 함께하는 SNS 콘텐츠들이 증가하고 있다는 해시태그를 근거로 대줍니다.

Step 3은 솔루션 단계로, 내가 주장하고 싶은 내용, '인테리어 No.1 플랫폼에 입점하고 공동 이벤트를 진행하자'는 결론을 내줍니다.

이런 흐름으로 작성하면 팀장님은 "커피 브랜드가 인테리어 플랫폼과 콜라보를 한다고?"가 아니라 "요즘 트렌드가 이런 흐름이구나. 그래서 오늘의 집이구나"라고 자연스럽게 수긍하게 됩니다.

이처럼 간단한 아이디어도 분석을 통한 인사이트와 논리적 설득이 뒷받침되어 기획서 내에 Why를 충족시켜 주어야 "왜 이걸 해야 해?"라는 질문이 나오지 않는 기획서를 만들 수 있습니다.

사례 ② ___ 문제가 발생한 경우

이번에는 반대 상황입니다. 문제가 발생해서 그에 대한 해결책을 제시해야 하는 기획서를 작성해야 합니다. 예를 들어 우리 브랜드의 자사몰에 유입은 많은데, 정작 구매로 이어지지 않고 이탈률이 높다는 문제가 생겼습니다.

이에 대해 팀장님이 해결방안을 기획서로 제출하라고 하셨고, 나는 곧바로 〈자사몰 상세페이지 개편안〉이라는 제목을 달고 기획서를 작성했습니다. 하지만 팀장님은 또 이렇게 묻습니다.

팀장님 : 지금 이게 구매이탈률을 막아 주는 게 맞아?
나 : 네, 맞아요.
팀장님 : 어째서?
나 : 요즘 애들은 제품소개보다 리뷰를 먼저 보거든요.
팀장님 : 아니 그럼 그 내용을 기획서에 써 놔야 알지 왜 자꾸 묻게 해!

이처럼 기획서를 통해 문제의 원인과 해결방안을 설득력 있게 전달하지 못하면 해결방안 자체가 아무리 좋아도 기획서는 통과되기 어렵습니다.

그럼, 상세페이지의 순서를 바꿔서 이탈률을 줄일 수 있다는 결론이 났을 때 어떤 순서로 기획서를 작성해야 할까요? 전략단의 3단계 논리 흐름대로 작성해 보겠습니다.

Step 1 문제점 인식에서는 보고를 받는 분들이 이게 어떤 이유로 쓴 기획서인지 알아야 하기 때문에 먼저 우리가 처한 '자사몰의 초반 이탈률 증가로 유입 대비 구매율 하락'이라는 문제를 짚어주어야겠죠.

Step 2 분석과 인사이트에서는 어떤 분석과 자료를 찾았는지 근거를 대준 후, '소비자 온라인 구매여정 보고서'를 분석했더니 Z세대는 물건을 살 때 기능을 확인하기 전에 리뷰를 먼저 본다는 결과가 있다는 인사이트를 적어줍니다.

Step 3 솔루션에서는 내가 전하고 싶은 결론인 '그래서 상세페이지 개편을 제안합니다'라는 솔루션을 보여줍니다.

전략단의 3단계 논리흐름 – 문제 해결

Step 1. 문제 : 주어진 문제 명확히 짚어주기
- 자사몰의 초반 이탈률 증가로 유입 대비 구매율 하락

Step 2. 분석과 인사이트 : 관련 데이터를 분석해 인사이트 도출
- '소비자 온라인 구매여정 보고서'에 따르면
- Z세대는 상품을 구매할 때 기능보다 리뷰를 먼저 확인하는 경향이 있음

Step 3. 솔루션 : 해결방안 제시
- 구매 상세페이지의 구성순서를 변경하여,
- 리뷰를 먼저 보여주는 구조로 개편 제안

이 전략이 논리적인 이유는 실제 데이터 분석 결과를 통해 문제의 원인을 명확히 짚어주었고, 공식적인 보고서의 결과가 설득의 근거로서

역할을 해주었기 때문입니다.

전략을 짜야 하는 업무를 맡았는데 막막하다면 무작정 아이디어나 실행안을 먼저 쓰기보다 내가 왜 이걸 쓰고 싶은지 근거를 찾은 다음 '전략단의 3단계 논리흐름'을 바탕으로 차근차근 문제를 풀어나가 보세요.

> Step 1) 슬라이드에 문제나 미션을 확실히 정의하고,
> Step 2) 각종 자료를 통해 알게 된 근거를 제시하며 인사이트를 짚어주고,
> Step 3) 내가 하고자 하는 솔루션을 전달한다.

'무엇을 - 왜 - 어떻게' 이 3단계가 분명하면 어떤 상황에서도 기획서가 막막하지 않을 겁니다. 기획서를 보는 사람은 "왜 이걸 해야 하지?"라는 질문 없이 고개를 끄덕이며 자연스럽게 다음 페이지를 넘기게 될 것입니다.

03
전략단의
다양한 문제 해결법

앞서 살펴본 사례들은 주어진 미션이나 문제가 비교적 명확한 경우였습니다. 이럴 때는 기획서에 들어갈 근거만 잘 정리해도 논리흐름이 자연스럽게 만들어지죠.

그런데 때로는 내가 기획하고자 하는 아이디어의 근거가 여러 개일 때도 있고, 혹은 내가 받은 미션 자체를 다시 살펴보다 보니 문제의 정의를 새롭게 하거나 좁혀야 하는 경우도 있습니다. 이럴 때는 '도대체 이걸 어디서부터 어떻게 풀어야 하지?'라는 생각이 들면서 기획서 작성이 또다시 복잡해지기 시작합니다.

하지만 앞서 살펴본 전략단의 3단계 논리흐름을 제대로 이해했다면 이제부터는 그 기본문법 위에 살을 덧붙이면서 복잡한 상황도 쉽게 풀어나갈 수 있습니다.

'진짜 문제'를 찾아내는 것부터 시작하기

문제점이 명확히 주어진 경우라면 앞에서처럼 그 내용을 기획서에 그대로 담기만 해도 무방합니다. 하지만 만약 내게 주어진 문제가 애매하거나 모호하다면 어떻게 해야 할까요? 조금 전 예시로 들었던 사례를 다시 가져와 보겠습니다.

그때는 팀장님이 '구매 단계 초반 고객이탈률이 높다'는 구체적인 문제를 제시했기 때문에 그에 맞는 솔루션을 고민하기가 상대적으로 수월했습니다. 그런데 만약 이번에는 팀장님이 이렇게 말한다고 해볼게요.

"요즘 우리 매출이 자꾸 떨어지는데, 해결방안을 한번 정리해 봐."

이처럼 문제의 범위가 크고 모호한 경우라면 상황이 달라집니다. 우선 〈매출 증가를 위한 마케팅 기획안〉이라는 제목을 달고 각종 프로모션이나 기획전 플랜을 짜는 방식으로 접근해 볼 수 있습니다. 물론 이는 하나의 해결방안일 뿐입니다.

이 경우 핵심은 '매출이 떨어지는 정확한 이유'를 먼저 찾아내는 겁니다. 즉, 진짜 문제를 먼저 정의하지 않으면 해결책 역시 부정확하거나 표면적인 수준에 그칠 수밖에 없습니다.

'문제를 다시 정의하라고? 그럼 도대체 어디서부터 시작해야 할까?'

이럴 때 우리는 앞에서 살펴본 논리흐름을 한 번 더 활용해 봐야 합니다. '문제 → 분석과 인사이트 → 솔루션'의 논리흐름을 통해 '진짜 문제'를 먼저 찾아 정의해 주어야 합니다. 그리고 여기서 찾은 '진짜 문제'로부터 시작해 3단계 논리흐름에 따라 '진짜 문제 → 분석과 인사이트 → 솔루션' 단계를 밟아 기획서를 완성하는 겁니다.

이처럼 처음에는 막연하게 '매출이 떨어지고 있다'는 문제였지만, 3단계 논리흐름을 따라 분석해 보니 진짜 문제는 '상세페이지 단계 초반 이탈률이 높다'는 것을 알게 되었습니다.

그래서 그다음 단계에서 이탈을 줄이기 위한 실질적인 인사이트를 근거로 제시한 후 '상세페이지 개편'이라는 솔루션으로 연결되게끔 구조를 설계하는 겁니다. 추가로, 처음에 떠올렸던 프로모션이나 기획전 아이디어는 진짜 문제에 대한 논리흐름에 자연스럽게 덧붙이면 됩니다. 이렇게 하면 단순한 해결을 넘어, 문제를 해결하면서 매출까지 증대시킬 수 있는 설득력 있는 기획서를 완성할 수 있습니다.

이러한 전략 구성방식은 제품 마케팅뿐 아니라 콘텐츠 마케팅, 특히 SNS 운영에도 적용 가능합니다. 예를 들어 내가 SNS 콘텐츠 운영자이고, 최근 소비자 참여(engagement)가 떨어지고 있는 상황이라면 기획서를 작성하기 전에 정확히 어떤 이유 때문에 이런 현상이 발생하고 있는지부터 정의해야 합니다.

인스타그램이나 숏폼 플랫폼 자체에서 노출도를 줄인 건지, 내가 광

복잡한 전략 해결방법

Step 1 문제	매출이 떨어진다. '광고를 더 돌려야 하나?'
Step 2 분석과 인사이트	그런데 자사몰의 유입과 이탈을 분석해 보니, 유입 수는 높은데 초반 이탈률이 높은 것으로 확인된다.
Step 3 진짜 문제	진짜 문제는 유입 수가 아닌 상세페이지 단계 초반 이탈률이 높다.
Step 4 분석과 인사이트	소비자 온라인 구매 여정을 분석해 보니 Z세대들은 기능을 보기 전에 일단 리뷰를 먼저 본다는 결과가 있다.
Step 5 솔루션	'구매 상단 상세페이지 순서 개편'을 진행하자.

고비를 효율적으로 사용하지 못한 건지, 혹은 콘텐츠 자체의 매력도가 떨어지고 있는 건지 등 다양한 가능성 속에서 '진짜 문제'를 찾아내는 과정이 기획의 시작점이 되어야 합니다. 그 후에 다시 적절한 분석을 통해 해결을 위한 기획서를 작성해야 논리적으로 설득력 있는 문서가 됩니다.

여러 개의 인사이트가 있는 전략단은 어떻게 구성할까?

이번에는 또 다른 복잡한 사례를 살펴보겠습니다. 내가 제안하고자 하는 아이디어를 설득하려고 하는데, 근거가 한 가지가 아니라 여러 가지일 때는 기획서를 어떻게 작성해야 할까요?

이런 상황이라면 오히려 앞서 살펴본 진짜 문제를 정의하는 전략안보다 구성이 단순합니다. 여러 개의 인사이트를 병렬적으로 나열해 각각이 동일한 무게로 하나의 솔루션을 지지하게 하면 됩니다.

그럼 제가 실제로 전략단을 썼던 구조를 설명해 보겠습니다. 제가 기획한 것을 강조하기 위해 저는 3가지 분석을 근거로 들어 설명했습니다.

당시 제가 맡았던 광고주는 국내 스타트업을 육성하고, 입주센터를 운영하는 등 스타트업 지원에 많은 예산을 투자하고 있는 금융그룹이었습니다. 캠페인의 미션은 금융그룹 자체의 브랜딩이 아니라, 그들이 지원하는 스타트업을 대중에게 알려 그들이 잘되게 돕는 것이었습니다.

이 경우 단순히 스타트업을 방문해 CEO를 인터뷰하거나 사업을 소개

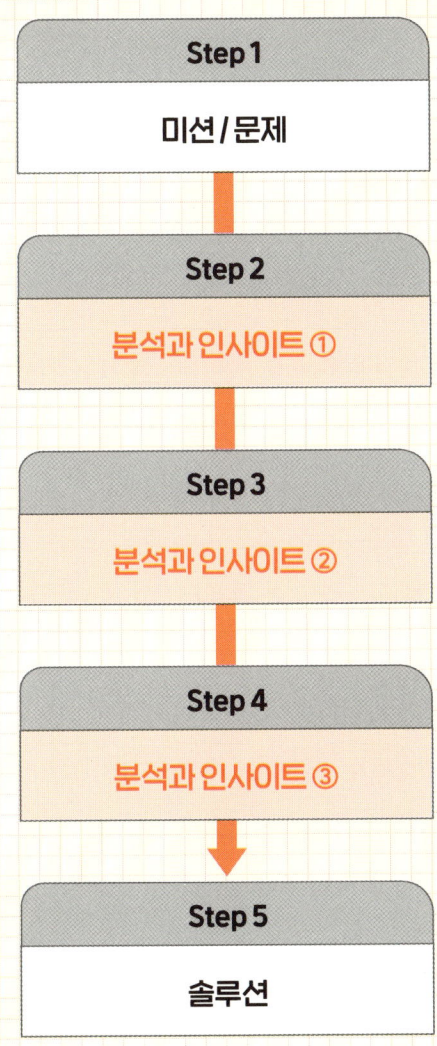

하는 콘텐츠로는 누구도 그들의 이야기에 관심을 가져 주지 않을 것 같았습니다. 그래서 저는 이들을 소개할 방법으로 '예능'을 떠올렸습니다. 당시 '네고왕' '와썹맨' 등이 유튜브 예능으로 막 나오던 시점이라 연예인들이 직접 스타트업을 방문해 그들의 제품이나 서비스를 체험한 다음 바로 현장에서 즉석 광고를 제작해 주는 브랜드 웹예능을 생각했습니다. 연예인들에게 각각 '광고 PD' '조연출' '막내'라는 부캐를 주고, 현장에서 즉석으로 미니 광고를 만들어 주는 과정을 모두 예능으로 담는 컨셉을 기획한 거죠.

이런 기획이다 보니 이를 통과시키기 위해서는 하나의 근거로는 부족했습니다. 아무래도 당시에는 고객사들의 유튜브 채널에서 '예능' 형식을 사용하지 않았고, 다른 금융 브랜드들도 유사한 사례가 없었기 때문에 새로운 시도에 대한 설득이 필요했고, 왜 이런 콘텐츠의 방식을 진행하면 좋은지에 대해 설득해야 했습니다.

이렇게 하고 싶은 아이디어가 많고, 여러 개의 인사이트가 있는 경우에는 기획서를 복잡하게 꼬아서 쓰기보다 '기본 전략단 논리흐름' 안에 하나씩 병렬 구조로 얹어주듯 정리하면 됩니다. 인사이트를 순서대로 나열해 그 모든 것을 하나의 솔루션으로 연결시키는 방식입니다. 이 구조를 사용하면 내용이 많더라도 흐름이 흐트러지지 않고, 기획서를 읽는 사람도 '왜 이걸 해야 하는가'를 자연스럽게 따라올 수 있습니다.

근거가 많은 경우의 논리흐름

Step 1 — 미션/문제
금융그룹이 지원하는 '스타트업'들을 알려라

Step 2 — 분석과 인사이트 ①
① 채널 트렌드 분석
기획서를 쓰기 위해 채널 미디어 환경을 분석해 봤더니 '네고왕, 와썹맨'과 같은 웹예능이 막 인기를 얻고 있음

Step 3 — 분석과 인사이트 ②
② 소비자 트렌드 분석
시청자들은 새로운 '세계관'과 '부캐' 컨셉에 큰 흥미를 보이고 있음

Step 4 — 분석과 인사이트 ③
③ 경쟁사 분석
다른 브랜드의 유튜브 채널에서는 아직 예능 포맷이 거의 없는 상황
우리가 새로운 시도를 할 수 있는 기회

Step 5 — 솔루션
→ 출연 연예인들이 '광고 PD' '조연출'이라는 부캐로 등장해
→ 스타트업을 위한 광고를 즉석에서 제작해 주는 브랜드 웹예능 시리즈 기획

PART 2. 기획의 시작, 논리력

복잡한 문제일수록 논리구조를 단순하게 적용해 보는 것, 그리고 여러 인사이트를 차곡차곡 소개하는 방식을 익혀두면 어떤 상황에서도 흔들리지 않는 기획서를 쓸 수 있습니다. 이 흐름을 하나의 도구처럼 익혀두시길 바랍니다.

04

전략단의
분석과 인사이트

앞서 전략을 수립할 때에는 분석을 통해 인사이트를 얻어야 한다고 이야기했습니다. 그렇다면 구체적으로 무슨 분석을 해야 할까요? 마케팅에 대한 개론서들을 보면 흔히 SWOT분석, 4P분석, 3C분석, STP분석, 포지셔닝 맵 등을 사용하곤 합니다. 이들은 검증된 기본적인 프레임워크로, 내가 해야 할 기획과 딱 맞아떨어질 경우 탄탄하고 논리적인 기획서를 만드는 데 도움이 됩니다.

하지만 여기서 제가 강조하고 싶은 것은 정해진 분석 툴에만 의존하게 되면 그 틀 안에서만 분석하는 습관이 생기기 쉽다는 점입니다. 그리고 굳이 하지 않아도 될 분석을 억지로 끼워 넣느라 정작 인사이트도 없는 뻔한 내용을 억지로 짜내게 되는 상황도 생깁니다.

그래서 저는 아이데이션을 시작할 때부터 폭넓게 근거를 찾아 다니는 방식을 선호합니다. 실제로 제가 일하는 조직에서도 정해진 분석 툴에 따라 형식적으로 작성된 경우는 거의 없습니다. 다음은 제가 인사이트를 낼 때 자주 살펴보는 분석 방법입니다.

- 자사 분석
- 타깃 분석
- 현황 분석
- 트렌드 분석
- 경쟁사 분석
- 시장 분석
- 각종 소비자 리포트 분석
- 소비자 구매여정 분석(Customer Journey Map)
- 검색어 분석 등

그런데 간혹 기획서들을 보다 보면 앞부분에 여러 분석이 잘 정리되어 있음에도 불구하고 '그래서 뭘 하자는 건데?'라는 생각이 들 정도로 너무 많은 분석자료가 추가되어 있는 경우가 많습니다. 즉, 분석 내용은 잘 정리되어 있지만 그 분석이 전략적 결론으로 연결되지 않고 자료 전달에서만 멈춰 버리는 경우입니다. 그렇게 되면 그건 더 이상 '기획서'가 아니라, 그냥 '분석 리포트'가 됩니다.

많은 분석자료를 찾아 도표나 그래프로 열심히 정리했기 때문에 작성자 본인은 '나 진짜 열심히 잘했다'고 느낄 수 있겠지만 기획서를 보는 사람의 입장에서는 '결론이 뭐야?' '그래서 뭘 하자는 거지?'라는 생각만 들게 됩니다. 단순한 분석자료 나열은 자료 정리일 뿐입니다. 그 <mark>분석과 인사이트를 근거로 솔루션을 도출하는 것이 진짜 '기획'입니다.</mark>

다양한 분석으로 인사이트와 솔루션을 연결하는 법

그렇다면 전략을 세울 때 우리는 '어떤 분석'을 하고, 그 분석을 '어떻게' 솔루션으로 연결해야 할까요? 사례를 통해 살펴볼게요. 정해진 분석 툴을 그대로 적용하는 것이 아니라, 브랜드의 실질적인 상황에 맞게 분석을 유연하게 구성한 경우입니다.

먼저 최근 유통 트렌드부터 간단히 살펴보면, 요즘 브랜드들은 자사 온라인몰(자사몰)을 운영하면서 자사 제품뿐만 아니라 다양한 외부 제품까지 함께 입점시켜 종합 유통채널로 확장하는 흐름이 뚜렷해지고 있습니다. 예를 들어 LG패션이 운영 중인 LF몰은 LG패션 제품만이 아니라, 외부 패션 브랜드 제품까지 함께 판매하면서 종합 패션몰로 브랜드를 키우는 전략을 취하고 있습니다.

이와 유사하게 건강식품 브랜드인 정관장도 자사 제품만 판매하는 것에서 벗어나 수천 개의 건강기능식품을 입점시킨 '정몰'이라는 온라인 유통 브랜드를 새롭게 론칭하고 확대해 나가고 있습니다.

이런 상황에서 만약 '정몰의 종합 브랜드몰'을 사람들에게 알리고 성장시키기 위한 브랜드 영상을 기획해야 하는 미션이 주어졌다면 여러분은 어떤 분석을 통해 어떤 브랜드 영상을 기획하시겠습니까?

이제 실제로 해당 브랜드를 담당했던 기획자들이 어떻게 분석하고 전략을 수립했는지 살펴보겠습니다(이 사례는 실제 브랜드의 인터뷰 기사 내용을 기반으로 제가 개인적으로 정리한 내용입니다).

사례 : 정몰 브랜드 영상 기획

Step 1. 미션
- 정관장의 건강기능식품 전문 유통 플랫폼 '정몰'을 성장시키는 브랜드 영상 기획

Step 2. 분석과 인사이트
① 시장 분석
- 업계 시장을 분석한 결과, 건강기능식품 시장은 최근 5년간 40% 이상 지속 성장 중

② 자사 분석
- 정몰은 우수한 기능성을 인정받아 '최우수 유통사'로 선정된 바 있으며, 최근 매출도 계속해서 확대 중

③ 소비자조사 분석
- 자체 조사 결과, 여전히 소비자들은 정몰이 '정관장 제품만 파는 곳'이라는 고정관념을 가지고 있음

④ 위의 3가지 분석에 따른 인사이트 도출

- 시장 규모에서는 여전히 '성장 기회 포착'
- 소비자들의 '고정관념 파괴'가 필수적

Step 3. 솔루션
- 전략의 핵심은 고객들에게 정몰에서는 정관장 제품만 파는 곳이라는 고정관념을 깨는 것
- 우리가 일상에서 당연하게 여겼던 고정관념(클리셰)을 전복시키는 방식으로 브랜드 영상을 제작
- 영상의 핵심 메시지는 '정몰에는 정관장만 있는 것이 아니다'를 전달하는 것
- 이를 위해 당연한 '기승전-결'이 아닌 '기승전-몰' 컨셉으로, 고정관념을 깨는 유쾌한 상황을 담은 브랜드 영상을 제작

이 기획에서 정몰은 '기승전-몰'이라는 컨셉을 통해 고정관념을 깨는 방식으로 소비자에게 다가갑니다. 예를 들어 초반에는 보리밭에서 시원한 맥주를 들이키는 맥주 광고처럼 보이지만, 마지막에는 뜻밖에 정몰 광고로 마무리됩니다. 혹은 신데렐라 동화 속에서 요정이 나타나 유리구두 대신 정몰을 소개하는 식이죠. 누구나 익숙하게 알고 있는 클리셰를 따라가다 끝에는 전혀 예상치 못한 방식으로 '정몰'로 전환되는 반전을 주는 것이죠. 이렇게 일상 속 고정관념을 뒤집는 콘텐츠를 제작해 '정몰 = 정관장'이라는 기존 인식을 성공적으로 전환해 '정몰엔 다 있다'는 브랜드 메시지를 재미있게 각인시킨 사례였습니다.

[정몰 브랜드 영상]

여기서 주목해야 할 점은 이 전략은 3C분석이나 4P분석 같은 정형화된 틀을 따르지 않았다는 겁니다. 만약 기존의 3C분석을 그대로 적용했다면 시장 분석이 제외되고 경쟁사 분석이 들어갔을지도 모릅니다. 그러면 아직 종합 유통몰로 전환하지 않은 건강기능식품 업계 현황이 중심이 되었을 것이고, 결과적으로 다른 전략적 솔루션이 나왔을지도 모릅니다.

분석을 할 때 정해진 틀 안에서만 하려고 하면 정작 중요한 인사이트를 놓칠 수 있습니다. 따라서 전략단의 분석은 자사, 시장, 소비자, 트렌드, 경쟁사 등 다양한 관점을 자유롭게 넘나들며 인사이트를 찾아내는 능력이 필요합니다.

이때 중요한 건 분석 툴이 아니라, 분석을 통해 어떤 전략 솔루션으로 연결할 수 있는가입니다. 기획자는 자료를 정리하는 사람이 아니라, 자료를 통해 '무엇을 할지'를 제안하는 사람이라는 점을 잊지 마세요.

05

전략단의 구성요소

지금까지 기획서에서 분석과 인사이트를 통해 솔루션을 연결하는 흐름을 살펴봤죠. 이제 그 전략흐름을 만들기 위해, 어떤 구성요소들을 선택하고 조합해야 하는지 이야기해 보려 합니다. 기획자의 설득 구조를 만드는 재료들이니까요.

전략단에 자주 등장하는 구성요소

전략단을 구성하는 대표적인 구성요소들을 '도입 → 분석과 인사이트 → 솔루션'의 흐름으로 나누어 보겠습니다. 다소 교과서적으로 느껴질 수 있겠지만 '전략의 도구상자'라고 생각하고 하나씩 알아볼게요. 다른

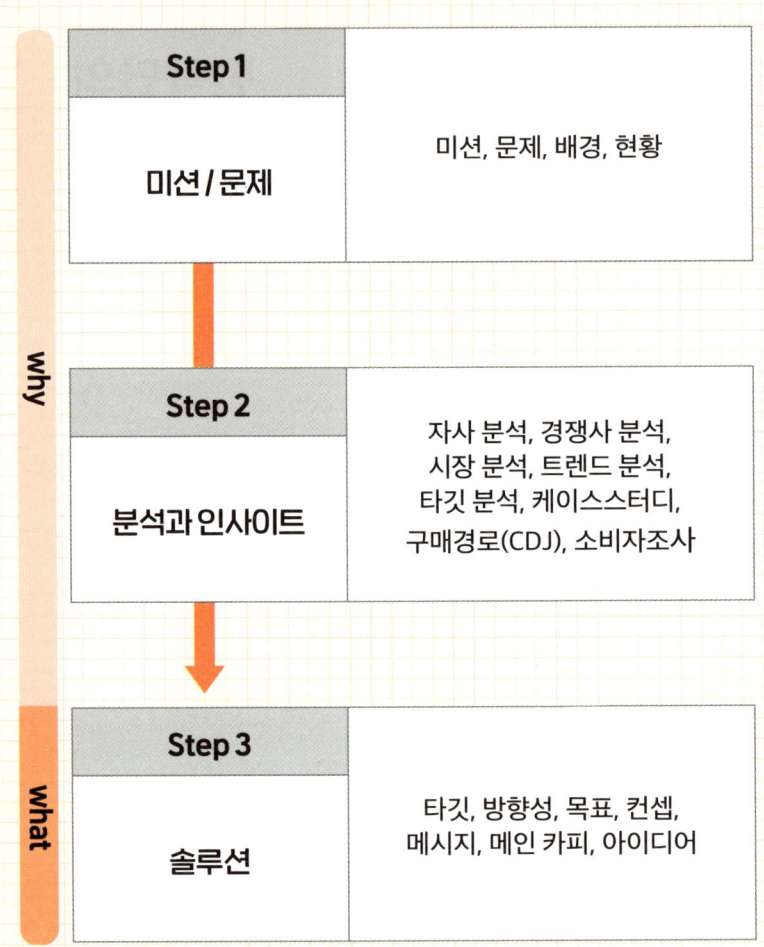

분들이 쓴 기획서 PPT를 살펴보다 보면 슬라이드 상단에 배경, 분석, 컨셉, 방향성, 타깃, 아이디어, 솔루션 등의 다양한 요소들이 적혀 있는 것을 볼 수 있습니다. 이런 요소들이 바로 기획서를 구성하는 재료들입니다. 하지만 아직 기획서를 많이 써보지 않았거나 경험이 적은 분들은 '이걸 다 넣어야 하나?' '슬라이드마다 다들 뭔가 다른 용어를 쓰던데, 나는 어디서부터 시작해야 하지?' '이게 어디에 쓰이는 거지?'라는 고민이 생길 수밖에 없습니다. 물론 기획의 구조는 프로젝트의 맥락, 클라이언트의 니즈, 캠페인의 성격에 따라 달라지기 때문에 정답은 없습니다. 하지만 기획서에 자주 등장하는 구성요소들은 분명 존재하고, 이 요소들은 조금씩 성격이 다르기 때문에 어떻게 쓰이는지 이해하고 선택적으로 활용하는 것이 중요합니다.

1 ___ 전략단의 '도입부' 구성요소

기획서의 도입부에는 왜 이 기획이 필요한지, 어떤 문제가 있는지를 명확히 정의하는 데 초점을 맞춰야 합니다. 사람들은 이유 없는 제안에 설득되지 않기 때문에 필요성을 언어화해야 합니다. 즉, 프로젝트의 배경과 필요성을 설득력 있게 설명하는 부분입니다. 미션, 문제, 기획배경, 현황 등이 기획서의 도입부에 주로 사용됩니다.

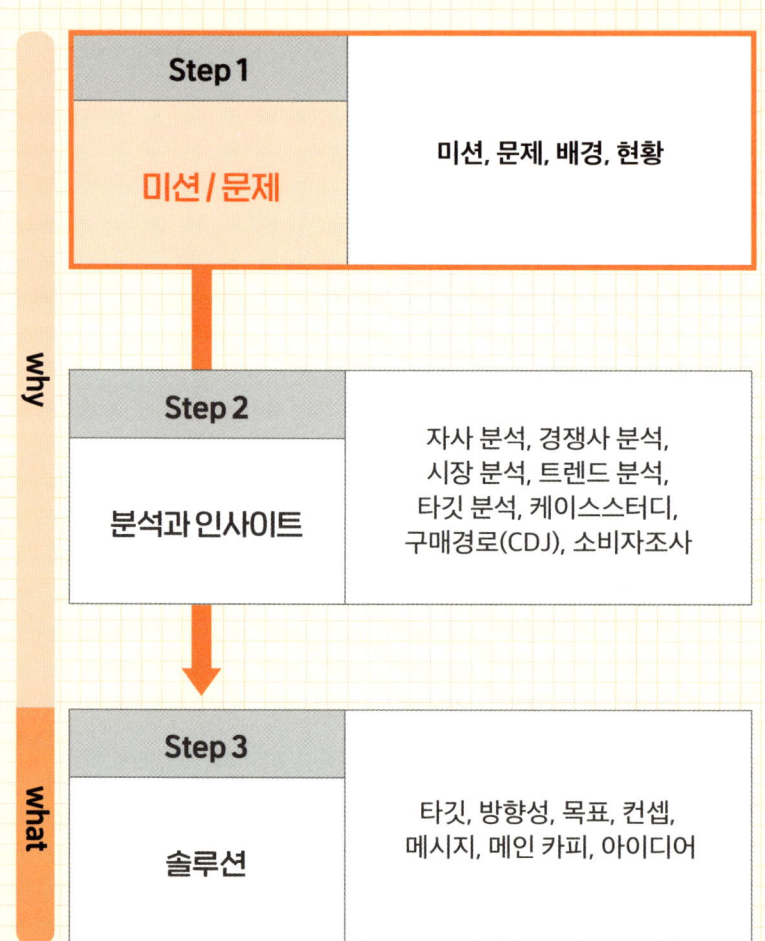

① 미션

'이 기획을 통해 해결해야 할 클라이언트의 과제나 목표는?'

미션은 대부분 분기별로 진행되는 캠페인이나 신제품 출시처럼, 시기에 따라 주어지는 경우가 많습니다.

- 예시 : 새로운 취향지를 확대함으로써 브랜드의 글로벌 위상을 강화하고, 신규고객 유입 및 세일즈 증대

② 문제

'지금 우리 브랜드가 마주한 문제는?'

기획이 시작된 배경이 되는 구체적인 문제를 짚어줍니다. 현재 어떤 문제가 있고, 왜 해결이 필요한지를 강조해야 합니다.

- 예시 : 현재 브랜드 인지도는 경쟁사 대비 30% 낮고, 가격 중심의 마케팅 메시지가 소비자와 공감대를 형성하지 못하고 있는 상황
- 예시 : 자사몰 초반 이탈률 증가로 유입 대비 구매율이 하락 중

③ 배경 및 현황

'지금 이 기획이 왜 필요하지?'

기획서가 어떤 상황에서 작성되었는지를 설명합니다. 기획자 본인이 기획서의 필요성을 스스로 설득해야 하는 상황이거나, 팀 내에서는 동의되었지만 임원들이나 외부 담당자들에게 아직 합의되지 않았을 경우,

이 기획서를 쓰는 이유를 한 번 더 설명해 주는 역할입니다.

- 예시 : 전 세계적으로 친환경 트렌드가 확산되면서 소비자의 70%가 지속가능한 제품을 선호한다고 응답. 이러한 변화 속에서 브랜드는 차별화된 메시지를 전달할 필요성이 커지고 있는 상황

2 ___ 전략단의 '분석과 인사이트' 구성요소

분석과 인사이트는 데이터 분석을 통해 문제해결로 가는 길을 만들어 주죠. 그래서 기획서에서 가장 중요한 부분이 이 인사이트를 얻는 단계일 수 있습니다. 인사이트로 얻어낸 한 줄이 전략 전체의 출발점이기 때문입니다. '지금 우리의 타깃과 브랜드는 어떤 상황에 놓여 있는가?'를 생각하는 과정에서 데이터 분석을 통해 소비자, 시장, 자사와 경쟁사의 현황을 하나씩 살펴보고, 내가 내고자 하는 결론에 필요한 근거를 찾아야 합니다.

① 자사 분석

'우리 브랜드는 어떤 위치에 있고, 어떤 강점이 있나?'

자사 제품, 서비스의 강점과 약점, 기회요소를 분석하여 기획 방향과 결론에 맞는 인사이트를 찾아갑니다.

- 예시 : 시장 내 브랜드력이 상승하면서, 일반 브랜드에서 탑티어 마스터 브랜드로 위상이 변화 중

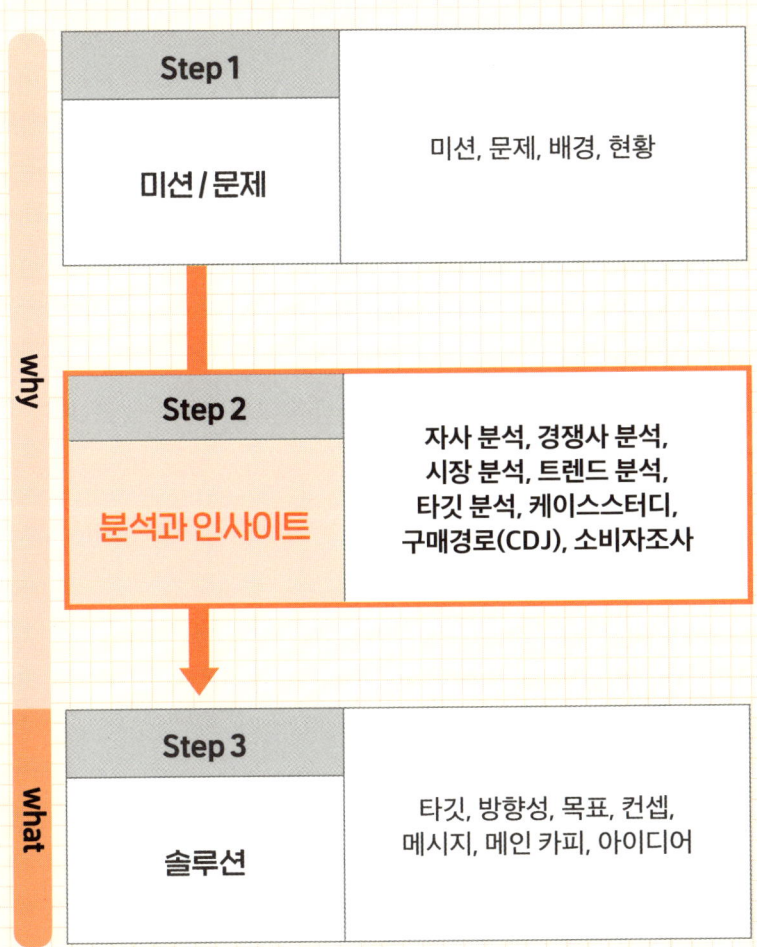

② 경쟁사 분석

'경쟁사는 무엇을 잘하고 있으며, 우리는?'

경쟁사의 마케팅 전략, 제품 특성, 시장점유율 등을 비교하여 우리 브랜드의 입지를 파악합니다.

- 예시 : 경쟁사 B는 소셜미디어에서 단순한 제품 광고 대신 '친환경 챌린지'를 전개하여 소비자 참여를 유도, 해시태그 #GreenLife가 100만 회 이상 언급되고 있음

③ 소비자 분석

'소비자는 무엇을 원하고, 어떻게 행동하고 있을까?'

소비자는 무엇을 중요하게 여기고, 어떤 행동을 하고 있는지 리포트 등을 통해 구매행동과 트렌드를 분석하고, 소비자의 요구·선호도·구매 패턴 등을 정리합니다.

- 예시 : 조사 결과, Z세대는 제품의 '진정성'과 '브랜드 가치'를 중요하게 생각하며, 65%가 소셜미디어 광고를 통해 구매 결정을 내림

④ 시장 분석

'산업이나 카테고리는 어떤 흐름을 타고 있나?'

시장은 어떤 방향으로 움직이고 있는지, 해당 산업의 성장 가능성, 세분화 동향, 주요 트렌드를 분석합니다.

- 예시 : 글로벌 친환경 화장품 시장은 2025년까지 연평균 12% 성장할 것으로 예상되며, '클린 뷰티' 키워드 검색량은 전년 대비 35% 증가

⑤ 트렌드 분석
'지금 주목해야 할 소비(콘텐츠) 트렌드는?'

우리가 하는 기획을 어떻게 접근해야 하는지 알려줍니다.
- 예시 : 최근 여행의 트렌드가 장소를 방문하는 것이 아니라, 미식, 성지, 축구 투어 등 각자의 특정 테마를 중심으로 움직이는 방식이 인기를 끌고 있음

⑥ 소비자 구매여정 분석(CDJ)
'소비자는 어떤 흐름으로 구매를 결정할까?'

소비자가 제품구매에 이르기까지의 여정을 파악합니다.
- 예시 : 소비자는 SNS 광고 → 브랜드 웹사이트 방문 → 사용자 리뷰 확인 후 구매 결정을 내림, 80%는 구매 전 인플루언서 리뷰를 참고하고 있음

3 ___ 전략단의 '솔루션' 구성요소

그래서 우리는 무엇을 제안해야 할까요? 분석을 통해 나온 인사이트를 바탕으로 기획의 핵심 솔루션을 제시하겠죠. 각 솔루션의 요소는 기획자가 내고자 하는 결론에 따라 다르게 나타나게 됩니다. 타깃의 정의

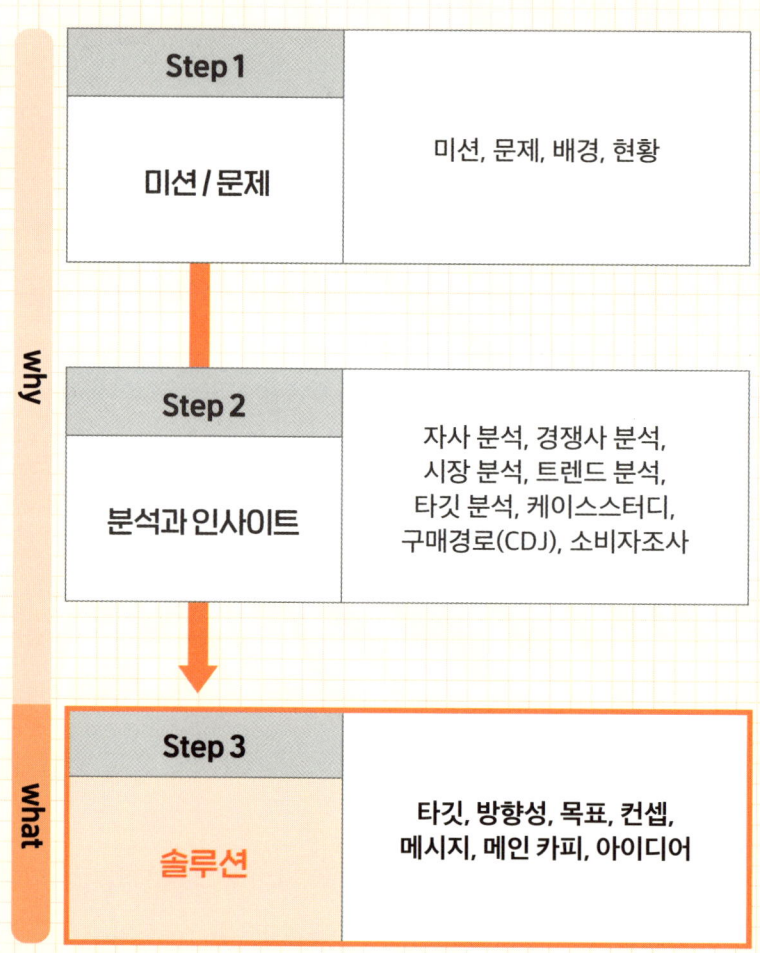

가 결론으로 나올 수도 있고, 기획의 목표수립, 방향성, 컨셉, 구체적인 아이디어로 결론이 나올 수도 있습니다.

① 타깃(Target)

'우리가 움직이고 싶은 핵심 소비자층은 누구인가?'

20~30대 여성이라는 납작한 표현보다 기획이 겨냥하는 '핵심 소비자층'을 정의합니다.

- 예시 : 자기 정체성을 소비로 드러내며, SNS를 통해 브랜드를 탐색하는 20대 후반의 Z세대 여성

② 방향성(Direction)

'우리는 어떤 방향으로 기획을 전개할까?'

각종 분석을 통해 나온 결론으로 기획 전반의 방향성을 설정합니다. 아직 구체적인 실행안은 아니며, 기획의 방향을 제시합니다.

- 예시 : 취향지에서 각각의 소비자 취향을 부스트업하여 기대감을 형성하는 스토리텔링 진행

③ 컨셉(Concept)

'이 기획의 중심 언어는?'

이 기획에서 하나의 단어가 남는다면 어떤 단어일지 생각합니다.

- 예시 : 여행에서 '소속감'을 느끼게 하자!

④ 아이디어(Idea)
'어떻게 실행해서 이 메시지를 전달할 것인가?'

앞서 말한 컨셉이나 방향성을 바탕으로 구체적인 실행방안을 제시합니다. 기획서에서의 'What'에 해당하는 부분입니다.
- 예시 : 기안84와 함께 <태어난 김에 세계일주> 컨셉으로 취항지에서 현지 문화를 체험하며 소속감을 보여주는 브랜드 영상 제작

⑤ 메인 카피(Copy)
'소비자에게 남길 한 줄은 무엇일까?'

필요한 경우, 컨셉을 함축한 핵심문구를 제안해 소비자의 주목을 유도하고 메시지를 전달합니다.
- 예시 : 여행은 살아보는 거야(에어비앤비)

전략단의 구성요소는 정답지가 아닙니다. 오히려 선택지에 가깝지요. 모든 요소를 다 넣는 기획서는 오히려 중심을 놓치게 됩니다. 중요한 건 내가 어떤 메시지를 말하고 싶은가를 먼저 정하고, 거기에 필요한 요소만 꺼내 쓰면 됩니다. 예를 들어 다음과 같은 조합으로 '메시지'를 결론으로 도출하는 기획서가 될 수도 있고,

'문제 → 시장 분석 + 타깃 분석 → 타깃 정의 → 메시지'

다음과 같이 마케팅 활동의 방향성을 도출한 후 '어떤 프로그램을 하겠다'라는 아이디어의 솔루션이 나올 수도 있습니다.

'배경 → 미션 → 경쟁사·자사 분석 → 목표 → 방향성 → 프로그램'

지금까지 전략단의 구성요소들을 하나씩 살펴봤는데, 기획의 본질은 정보가 아니라 흐름입니다. 이들을 조합한 설득 구조를 단단히 세우는 것이 중요합니다. 조금씩 다른 이 요소들의 차이를 이해하고, 전략의 흐름과 구조를 만드는 데 이 구성요소들을 유연하게 사용해야 합니다. .

전략단에서 중요한 구성요소, '목표 설정'

전략단의 구성요소는 대부분 단어 자체로 의미가 명확하지만, 그중에서 '목표 설정'은 특히 중요한 요소이므로 별도로 짚고 넘어가야 합니다.

'미션'과 '목표'라는 단어는 얼핏 비슷해 보이지만, 실제로 기획서를 작성하다 보면 전혀 다르게 사용된다는 것을 알게 됩니다. 예를 들어 팀장님이 이렇게 말합니다.

"이번 신제품 마케팅으로 이슈 한번 만들어 봐."

굉장히 애매한 말이지만 이러한 요구는 실제로 매우 자주 일어납니다. 그럼 이게 나에게 미션일까요, 목표일까요? 아직은 미션입니다.

일단 우리에게 처음 주어지는 미션들은 굉장히 모호합니다. 마케팅의 수많은 영역 중에서 도대체 어떤 마케팅을 말하는 것이며, 또 이슈는 정확히 어떤 이슈를 말하는 걸까요? 멋진 브랜드 영상을 만들어서 조회수를 터트려 보라는 건지, 아니면 오프라인으로 행사를 바글바글하게 해서 이슈를 만들어 보라는 건지, 아니면 광고비를 많이 써서 각종 미디어 매체에 광고를 여기저기 깔아 인지도를 높이라는 건지 말이에요.

그래서 우리는 이런 모호한 미션에 대해 '이번 기획서에는 이러한 목표를 가지고 움직이겠다'라고 업무범위 안에서 목표를 좁히고 구체화하는 과정을 정해야 합니다.

그렇다면 방금 주어진 미션에서는 어떤 식으로 목표가 나올 수 있을까요?

"이번 신제품 마케팅으로 이슈 한번 만들어 봐" (미션)

최근 ○○○○한 시장상황, 타깃, 이번 제품 특징을 고려했을 때 (분석/인사이트)

이번 마케팅 목표는
- 브랜드와 셀럽의 일방적인 마케팅 Voice가 아닌, 소비자들이 직접 참여하는 바이럴로 진정성과 신뢰도 높이기
- 소비자들의 실사용 콘텐츠 자발적 생성 300건 달성

'이슈 만들기'라는 미션이 '진정성과 신뢰도를 높이기 위한 소비자의 실사용 콘텐츠 자발적 생성 300건 달성'이라는 목표로 변경되었습니다. 이처럼 '이슈 한번 만들어 봐'라는 모호한 미션을 '소비자 참여'라는 구체적이고 명확한 내용으로 좁혀 주었고, '실제 소비자 콘텐츠를 300개 만들겠다'라는 수치적인 목표까지 정해서 정확하게 좌표를 찍어주었습니다.

"기획서에서의 목표란
미션(문제)에 대해 내가 기획할 내용으로
다시 한번 명확하고 뚜렷한 좌표를 찍어주는 것입니다."

06

실행단의
구성요소

　　　　　지금까지 기획서에서 논리흐름과 방향성, 솔루션을 제시하는 '전략단'에 대해 알아보았습니다. 이제는 내가 기획한 내용을 실제로 어떻게 실행할지 풀어보는 '실행단'에 대해 살펴보겠습니다.

　우리가 일상 속에서 계획을 세울 때도 전략과 실행은 자연스럽게 나뉘어집니다. 예를 들어 친구들과 여행을 계획하면서 나누는 카카오톡 대화를 한번 살펴볼까요?

> 요즘 애들이 컨셉 잡고 여행 가는 거 재밌어 보이더라. (트렌드 근거)
> (URL 전달하며) 이 채널 한번 봐 봐. (레퍼런스)

> 우리도 이번 여행, 이런 식으로 가볼까? (솔루션)
> 우린 '프로 잘 먹러'들이니까 먹방 컨셉 어때? (컨셉)
> 대만 가서 취두부, 탄탄미엔, 딤섬 여기저기 먹으러 가자. (프로그램)
> 먹을 때마다 그릇으로 건배 짠 하면 재밌을 듯. (프로그램)
> 대만에서 원데이 쿠킹 클래스도 신청해 볼까? (프로그램)
> 식당에서 옷도 깔별로 맞춰 입자. (프로그램)
> 이거 영상 찍어서 릴스로 올리자. 내가 편집할게! (프로세스)
> 우리 돈 얼마씩 걷지? (예산)
> 오. 재미있겠다. 이거 알고리즘 타서 10만 뷰 나오는 거 아냐? (예상 결과)

이 대화 안에는 전략과 실행 플랜이 모두 들어 있습니다. 그렇다면 어디서부터가 실행일까요? '프로 잘 먹러들의 대만 여행'이라는 컨셉까지가 전략단이며, 그 이후의 구체적인 프로그램과 실행 계획이 바로 실행단입니다.

기획서도 이와 마찬가지입니다. 왜(Why) 이걸 해야 하는가, 무엇을(What) 할 것인가까지가 전략단의 영역이고, 어떻게(How) 실행할 것인가를 고민하는 부분이 실행단의 영역입니다. 즉, 전략단이 아이디어의 방향을 잡아주는 단계라면, 실행단은 그 아이디어를 구체적으로 실현해 나가는 단계입니다.

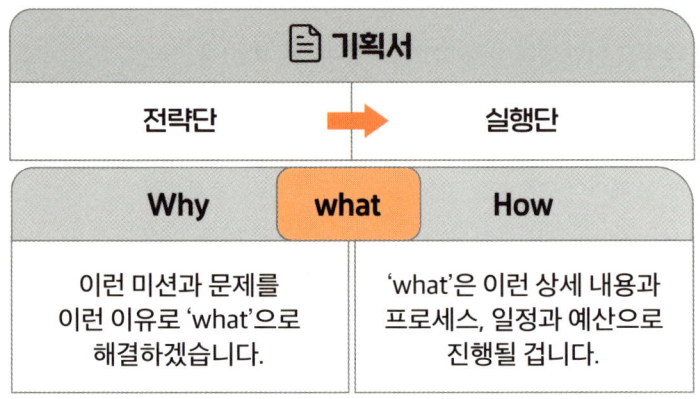

실행단의 4단계 구성요소

실행단은 상세한 내용이 많이 들어가는 영역이지만, 기본적으로는 다음의 4단계가 포함됩니다.

1 __ 프로그램

프로그램이란 기획자가 제안한 전략을 구체적으로 어떤 방식으로 구현할지 정하는 부분입니다. 예를 들어 전략단에서 게이미피케이션으로 결론이 나서 '미니 게임 기반 이벤트 페이지를 만들겠다'고 했다면, 실행단에서는 어떤 게임을 만들 것인지 구체적인 내용을 정해야 합니다. 보물찾기를 할 것인지, 축구 슛을 쏘는 게임을 할 것인지, 아니면 비행기 게임을 할 것인지 등 구체적인 프로그램 내용을 정해야 합니다. 그리고

실행단 4단계 구성요소

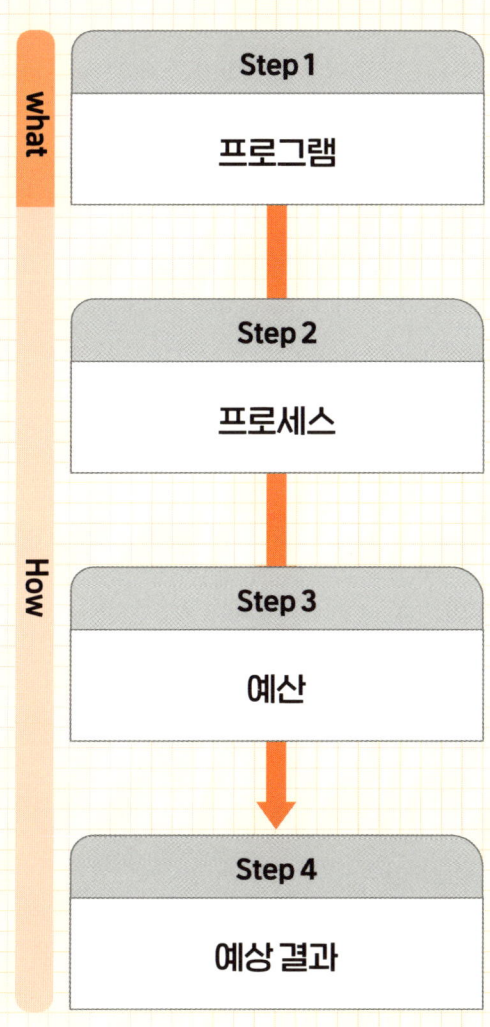

게임만 하게 할 수 없으니 어떻게 경험하게 할 것인지, 경품을 증정할 것인지, 경품은 참여자 모두에게 줄 것인지, 이벤트 응모자들에게만 줄 것인지도 결정해 작성해 주어야 합니다.

마케팅 프로그램에는 정말 다양한 방법이 존재합니다. 온라인과 오프라인을 넘나드는 참신한 아이디어들이 쏟아져 나오고 있지요. 그래서 평소에 어떤 프로그램들이 현장에서 진행되고 있는지 눈여겨봐 두면 기획을 할 때 도움이 됩니다. 다음에 소개하는 방법론들은 겉으로는 단순해 보일 수 있지만, 여기에 제대로 된 컨셉과 스토리를 더하면 전혀 뻔하지 않은 멋진 아이디어로 바뀝니다.

다양한 마케팅 프로그램 방법론 예시

- TV, OTT 등 브랜드 영상 제작 및 각종 미디어 광고
- 옥외광고(OOH)
- 온·오프라인 이벤트
- 오프라인 행사
- SNS 콘텐츠 제작
- 웹/앱 페이지 개발
- 이모티콘 제작
- 작가/전문가/유튜버 콜라보
- 게이미피케이션 미니 게임
- 각종 소셜 테스트 제작
- 굿즈 제작 및 협업

- 각종 챌린지 캠페인
- 뮤직 플레이리스트 기획
- 뉴스레터 발송
- SNS 체험단 운영(블로그, 인스타그램 등)
- AR/VR 체험 콘텐츠 제작

예를 들어 '굿즈 제작 및 협업'이라고 하면 흔한 방식처럼 들릴 수 있습니다. 그런데 GS25와 넷플릭스가 함께 만든 '편의점 팝콘'을 떠올려 보세요. OTT가 영화관 문화를 대체하면서 사라졌던 팝콘 경험을 다시 살려냈고, 인증샷 문화와 맞물리며 〈오징어게임〉부터 〈흑백요리사〉까지 다양한 콜라보 제품과 굿즈로 이어지면서 성공사례를 기록하고 있습니다.

이처럼 방법론 자체를 알고 있고, 그것을 어떻게 내 기획 아이디어와 맞춰서 살아 있는 무기로 만드느냐가 핵심입니다. 즉, 프로그램에 맞게 적재적소에 영혼을 불어넣는 것이 기획자의 몫인 것이죠.

2 프로세스

프로세스는 소비자들이 이 프로그램을 어떤 흐름으로 경험하게 할지를 단계별로 정리하는 부분입니다.

예를 들어 소비자가 카카오톡 배너를 클릭해 미니 게임에 참여하고 결과 화면을 캡처해 SNS에 공유하게 한다면, 이 일련의 과정을 Step 1 → Step 2 → Step 3 → Step 4 식으로 슬라이드에 순차적으로 표현해 주면 됩니다.

프로세스 플로우

Step 1: 카카오톡 배너 클릭
Step 2: 웹 페이지 내 미니 게임 진행
Step 3: 화면 SNS 공유 #해시태그
Step 4: 추첨을 통해 경품 증정

3 ＿ 예산

기획서는 말 그대로 컨펌을 받기 위한 문서이기 때문에, 예산 항목은 매우 중요한 판단기준이 됩니다. 아무리 좋은 아이디어라도 예산 정보가 없다면 판단이 어렵기 때문에 실행단에는 반드시 예상 예산을 포함시켜야 합니다.

아직 실제 집행 전인 기획 단계라면 콘텐츠 제작비, 광고비, 운영비 등 항목별 예상 소요비용 정도로만 간결하게 정리해도 충분합니다.

4 ＿ 예상 결과(기대효과)

예상 결과란 이번 기획을 실행했을 때 어떤 결과를 기대할 수 있는지를 작성하는 항목입니다. 앞의 대만 여행 사례에서 친구가 말한 "이거 알고리즘 타서 10만 뷰 나오는 거 아냐?"가 바로 그 예가 되겠죠. 친구들은 이 여행으로 SNS 상에서 알고리즘을 타서 노출이 많이 되는 것을 기대하고 있습니다. 기획서에서도 마찬가지로, '이 아이디어가 실행되면 어떤 효과를 기대할 수 있는가'를 제시해야 합니다.

예상 결과는 프로젝트마다 형식과 범위가 다를 수 있습니다. 어떤 곳은 정성적인 기대효과만 작성해도 충분한 반면, 어떤 곳은 정량적 수치(KPI)를 명확히 제시해야 할 수도 있습니다.

이렇게 실행단은 전략단의 아이디어를 현실적으로 실행가능한 플랜으로 구체화해서 어떻게 진행될지 눈에 그려지듯 설명해 주는 영역입니다. 기획서의 설득력을 완성하는 중요한 마무리 단계이니, 아이디어만큼 현실적인 실행력과 설득력을 담아 구성해 보세요.

07
기획서 작성 사례

이제 전략단에 이어 실행단에 포함되는 구성요소까지 모두 살펴봤으니 실제로 기획서를 작성해 보는 연습을 해보겠습니다.

앞서 전략단에서 예시로 들었던 가상의 브랜드 '별별커피'의 사례, 기억하시죠? 전략단에서 솔루션까지 내는 과정을 보여드렸는데, 여기에서는 실행단까지 넣어 기획서를 완성해 보겠습니다. 먼저 이전 전략단에서 작성된 내용을 다시 한번 정리해 보겠습니다.

기획서의 전략단

'별별커피 브랜드의 선호도를 높여야 하는' 미션이 주어졌고, '커피와 홈 카페가 밀접한 관련이 있다'는 인사이트를 기반으로 '인테리어 No. 1 앱과 콜라보레이션을 하자!'는 솔루션이 도출되었죠.

> **전략단의 3단계 논리흐름**
>
> ### Step 1. 미션
> - '별별커피 브랜드' 인지도와 긍정적인 이미지 확보
>
> ### Step 2. 분석과 인사이트
> - 2024 미디어 트렌드(Life 편)와 타 브랜드 사례와 SNS 해시태그 분석 결과,
> - '홈 인테리어와 커피' 사이에 심리적 연결성이 높음
>   사람들은 집에서도 커피를 대충 마시지 않음
>   가장 예쁜 내 공간에서 내 취향의 커피를 마시고 싶어함
>   실제로 건설사에서도 커피 브랜드와 함께 협업 중
>   즉, 집과 커피를 연결짓는 라이프스타일 트렌드 → '별별커피'의 긍정 이미지 강화
>
> ### Step 3. 솔루션
> - No.1 인테리어 플랫폼 '오늘의 집' 앱에 입점
> - 브랜드와 콜라보 이벤트 진행

전략단은 방향성까지 도출하는 과정이기 때문에 이 단계에서는 아직 어떤 결과물이 나올지 구체적인 그림이 잘 그려지지 않습니다. 그래서 이제 실행단에서 그 내용을 하나하나 구체적으로 채워 넣어 보겠습니다.

기획서의 실행단

'오늘의 집'에 모여 있는 사람들은 홈 인테리어에 높은 관심과 자부심을 가진 유저들이기 때문에 '우리 집 홈 카페를 자랑할 수 있는 인증 이벤트'를 진행하면 어떨까요? 이런 유저들은 누구보다 자신의 인테리어에 공을 들였고, 자신의 공간을 자랑하고 싶어 할 가능성이 높기 때문입니다. 그리고 그 멋진 인테리어 속에 우리 커피 브랜드가 함께 노출된다면 별별커피의 이미지에 선망효과를 더할 수 있겠죠.

그리고 '입점'이라는 전략이 나왔기 때문에 어느 코너에 입점할지, 어떤 프로모션을 함께 진행할지도 고려해야 합니다. 예를 들어 샘플링 개념의 파격적인 쿠폰 제공을 생각해 볼 수 있겠죠. 단, 이 쿠폰은 무작위로 뿌리는 것이 아니라 우리 제품에 '좋아요'나 '저장'을 누른 고객에게만 제공되는 방식으로 설계할 수 있습니다.

이렇게 해서 크게 두 가지 프로그램이 나왔습니다.

> 프로그램 ① '인테리어 앱' 입점
> 프로그램 ② 콜라보레이션 이벤트 진행 (홈 카페 인증 + 쿠폰 지급)

이제 이 내용을 실행단의 구성요소인 '프로그램 - 프로세스 - 예산 - 예상 결과'에 맞춰 텍스트 기획서 형태로 정리해 보겠습니다.

실행단의 4단계 구성요소

Step 1. 프로그램
프로그램 ① 오늘의 집 셀렉트샵 입점
프로그램 ② 콜라보레이션 이벤트 진행

- 이벤트_1 별별 홈 카페 자랑하기
- 별별커피 특별 이벤트 페이지 제작
- 홈 카페에 자신 있는 회원들 대상
- 별별커피와 함께 인테리어를 자랑하는 이벤트 진행
- 이벤트_2 입점 쿠폰 이벤트
- '좋아요' 또는 '저장'을 누른 고객들에게 50% 할인 쿠폰 증정

Step 2. 프로세스
오늘의 집 메인화면 접속 → 이벤트 페이지 방문 → 입점 쿠폰 발행 ('좋아요/저장' 클릭) → 별별 홈 카페 자랑 인증 이벤트

Step 3. 예산
- 이벤트 페이지 개발비용 : ○○○원
- 할인 쿠폰 비용 : ○○○원
- 오늘의 집 제휴 광고비 : ○○○원
- 입점 수수료 : 판매 시 수수료 개념으로 정산
- 총 예상비용 : ○○○원

Step 4. 예상 결과(기대효과)
- 홈 카페와 어울리는 프리미엄 커피 이미지 구축
- 오늘의 집 플랫폼 입점으로 매출 10% 상승 예상

* 가상의 기획서로, 실제 입점 프로세스 등과 다를 수 있습니다.

전략단 + 실행단이 결합된 기획서의 완성

전략단에서는 '왜' 이 기획이 필요한지 설명했고 방향성을 제시했습니다. 실행단에서는 어떤 프로그램을 운영할 것인지, 소비자가 어떤 경험을 하게 될 것인지, 예산과 기대효과는 어떤지 구체적으로 보여줬습니다.

이렇게 전략단과 실행단에 따라 '텍스트 기획서'로 작성되니 기획의 전체 흐름이 한눈에 보이게 됩니다. 전략단까지만 나왔을 때는 막막했는데, 실행단까지 완성되니 이제 무엇을 하겠다는 것인지 명확히 눈으로 그려지는 것 같습니다. 참고로 이 기획서는 가상의 기획서로, 실제 입점 프로세스 등과 다를 수 있습니다.

그럼 이제 이 텍스트 기획서를 바탕으로 PPT 슬라이드 작업을 시작할 차례입니다. 이 '텍스트 기획서'가 어떻게 슬라이드로 옮겨졌을까요?

전략안 Step 1
주어진 미션 / 문제

별별 커피 브랜드 COFFEE 긍정 바이럴 확보 &
소비자 접점 확보를 통한 '인지도' 상승

전략안 Step 2
분석과 인사이트

집에서도 커피를 대충 마시지 않는 사람들
'내 취향의 커피'를 '가장 예쁜 나의 공간'에서 마시고 싶어한다

: 홈인테리어와 커피의 높은 심리적 상관관계 존재

미디어 트렌드 ①	SNS 트렌드 ②	콜라보 레퍼런스 ③

2024 미디어 트렌드 (Life 편) 발표	#인테리어& 커피 SNS 해시태그 수 14,000건	건설사 X 커피 브랜드 콜라보까지도

PART 2. 기획의 시작, 논리력　111

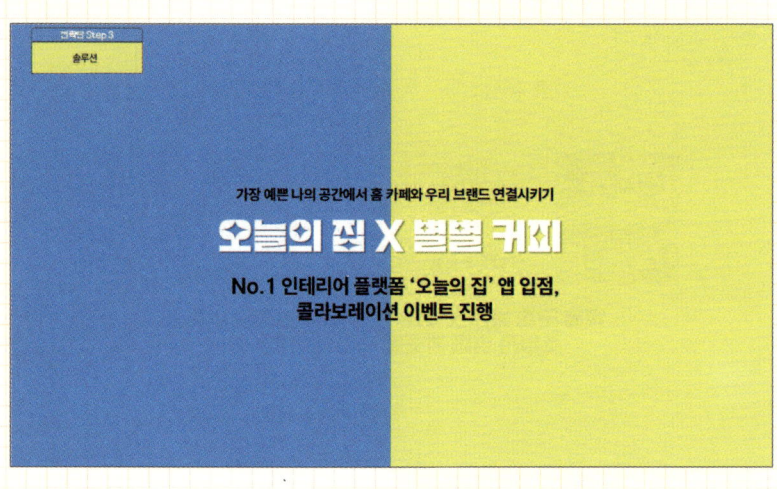

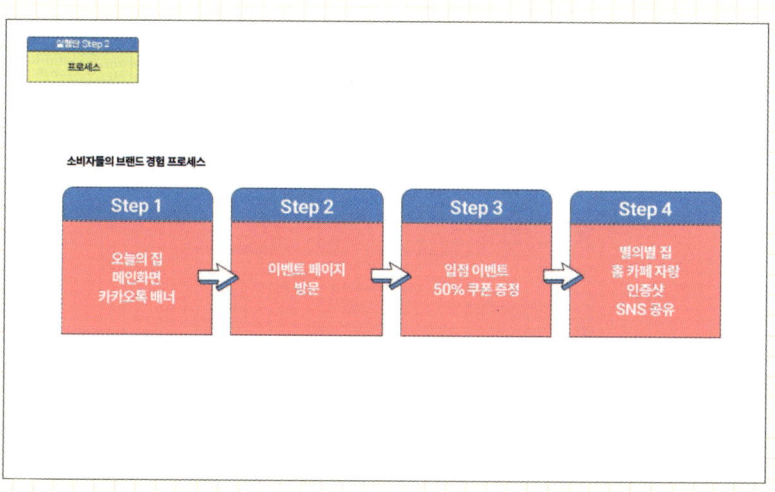

PART 2. 기획의 시작, 논리력

실행안 Step 3
예산

오늘의 집 콜라보 예상 비용	
페이지 제작	10,000,000원
할인쿠폰 비용	10,000,000원
입점비용 (수수료)	판매 시 수수료 개념으로 정산
제휴비	10,000,000원
광고비	10,000,000원
예상비용 합계	40,000,000원

실행안 Step 4
예상결과

홈 카페 = 별별커피 이미지 구축

- ✓ 오늘의 집 입점으로 **추가 매출 10% 상승** 예상
- ✓ 기간내 오늘의 집 & 인스타그램 내 **#별별커피 해시태그 수 300건 이상** 기대
- ✓ 실 사용자의 구매 후기 생성, 콘텐츠의 2차 확산 효과 획득 기대

기획서의 전략단에서는
이 기획이 왜 필요한지 보여주고,
기획서의 실행단에서는
이 기획을 실제 눈에 그려지듯 보여주면,
당초 막막했던 기획은
현실이 될 가능성이 높아집니다.

PART **3**

" 기획의 확장, 생각력

INTRO

　지금까지 우리는 기획서의 본질, 논리흐름, 구성요소에 대해 알아보았습니다. 이제 기본적인 기획서에 대한 개념은 어느 정도 잡혔을 거라고 생각합니다.

　마케터로서 기획서를 쓰는 순간, 이제 우리는 '아이디어의 전쟁터'에 발을 들여놓게 됩니다. 광고·마케팅에서 '아이디어가 좋다'는 건 어떤 의미일까요? 하나의 사례를 소개해 보겠습니다. 늘 신선한 시도와 발상이 돋보이는 이케아(IKEA)의 이야기입니다.

　이케아의 고민은 이랬습니다. '사람들이 우리 가구를 너무 가성비 중심으로만 본다. 그래서 이케아에는 고급스러운 제품이 없다고 생각한다.' 이케아는 이런 인식을 바꾸고 싶었습니다. '우리의 가구도 고급스럽고, 고풍스러울 수 있다'는 것을 알리고 싶었죠.

　그래서 스페인 마드리드의 로맨티시즘 박물관과 제휴를 맺었습니다. 르네상스 시대의 가구와 엔틱한 분위기가 가득한 전시실 한가운데, 이케아

(출처: Cannes Lions 유튜브 / IKEA Campaign, 2019)

가구를 몰래 숨겨 놓고 관람객에게 이런 미션을 던졌습니다.

"진짜 전시품 사이에서 이케아 가구를 찾아보세요."

결과는 어땠을까요? 사람들은 이케아의 가구를 박물관 전시품과 구분하지 못했습니다. 그만큼 이케아의 가구도 고풍스러운 느낌을 충분히 가지고 있었다는 것이죠. 이 아이디어는 2019년 칸 광고제에서 수상까지 하게 됩니다.

이 사례를 단순히 소비자의 시선이 아니라 기획자의 입장에서 다시 바라보면 어떨까요? 기획자는 '엔틱한 고급 가구의 느낌'이라는 미션을 받았습니다. '엔틱, 고풍'이라는 단어에서 '박물관 전시품'을 떠올렸습니다. 그리고 단순히 박물관에 전시하는 데서 그치지 않고, 소비자들의 액션을 유도하기 위해 한발 더 나아가 '숨겨 놓는다'는 발상까지 도달한 것이죠.

우리도 기획서를 쓸 때 우리 브랜드를 어떻게 보여줄지에 대한 아이디어를 이런 식으로 고민해야 합니다. 물론 매번 광고제에 나갈 만한 아이디어를 낼 수도 없고, 그런 환경도 잘 주어지지는 않을 겁니다. 하지만 기획자라면 어느 포인트 하나에서 새롭고 의미 있는 것을 만들어 내야 하는 숙명을 지니고 있습니다.

혹시 이런 사례를 보면 '난 아이디어가 별로인 사람 같은데…'라고 주눅 드는 분도 있을지 모르겠습니다. 저도 처음엔 그렇게 생각했습니다. '아이디어는 타고나는 거 아닐까?' '나는 아이디어가 부족한 사람인가?'라고요. 하지만 걱정하지 않으셔도 됩니다. 뇌과학자들의 연구에 따르면 '창의력'에 대한 연구는 아직 초기 단계라고 합니다. 그리고 한 가지는 분명합니다. '창의력은 연습될 수 있다.'

그래서 우리는 아이디어를 내기 위해, 그리고 기획서를 쓰기 위해 생각 회로를 만드는 '생각력'을 훈련해야 합니다. 하룻밤 사이에 아티스트처럼 번뜩이는 천재가 되는 건 어렵겠지만, 기획서에 필요한 아이디어는 노력으로 충분히 길러낼 수 있습니다.

아이디어란 '엉덩이로 버텨가며 쌓아온 정보'와 '끊임없이 돌아가는 뇌'가 만나 오랜 시간의 숙성을 거쳐 나오는 결과물입니다. 이제부터 우리는 기획서에 필요한 아이디어란 어떤 것인지, 그 아이디어는 어떻게 만들어지는지 실무자의 관점에서 구체적으로 알아보려고 합니다.

Level-up Point

- [ ] 포스트잇 생각법
- [ ] 조인트 생각법
- [ ] 반수면 생각법
- [ ] 자료수집 스킬

01

포스트잇
생각법

　　　　　'높은 질'의 기획 아이디어는 결국 '많은 양'의 생각에서 시작됩니다. 이건 제 개인적인 생각이 아니라, 수많은 아이디어 천재들이 공통적으로 이야기해 온 원리이기도 합니다. "깊어지기 위해 넓게 파기 시작했다"는 철학자 스피노자의 말이 기획서 작업과 매우 닮아 있다고 생각합니다. 깊이 있는 기획서를 만들기 위해서는 일단 넓게 파면서 시작해야 합니다.

　《생각정리스킬》의 복주환 저자도 생각정리의 핵심은 최대한 많은 아이디어를 끄집어내는 것이라고 강조합니다.

　"아이디어를 기획할 때 생각은 최대한 많이 끄집어내는 것이 좋다. 아인슈타인은 '발명에서 빠질 수 없는 것이 아이디어를 버릴 수 있는 쓰레기통이다'라는 말을 했다. 많은 생각에서 좋은 아이디어가 나온다. 불필요한 내용은 나중에 쓰레기통에 버리더라도 좋은 아이디어를 찾기 위해서는 일단 많은 양의 생각을 발산해 두는 것이 좋다."

저는 앞서 소개한 이케아의 사례에서, 기획자가 '박물관'이라는 아이디어를 떠올릴 수 있었던 이유도 이처럼 수많은 생각과 키워드의 확장 속에서 하나의 연결고리를 발견했기 때문이라고 생각합니다. '고급스러운 가구, 고풍스러운 느낌'이라는 키워드를 넓게 펼쳐 보다 그중 하나로 떠오른 '박물관'이라는 키워드와 고풍스런 이미지를 떠올렸고, 거기서 더 나아가 소비자를 어떻게 참여시킬 수 있을까 고민하다 '그 안에 가구를 숨겨 볼까?'라는 생각까지 연결되었다고 봅니다. 이 모든 흐름은 양에서 질로 나아가는 전형적인 사고의 과정입니다.

포스트잇 생각법 :
자료를 하나씩 살펴보고, 생각을 메모하며 붙여넣기

여기서 소개할 것이 바로 '포스트잇 생각법'입니다. 이 생각법은 자료를 수집하면서 동시에 나의 생각을 확장해 보고 정리해 가는 과정입니다. 사실 '자료 찾기 단계'라고 말해도 무방하지만 '포스트잇 생각법'이라고 소개하는 이유는, 단순히 정보를 모으는 데서 그치지 않고 자료를 찾을 때마다 생각을 덧붙이고, 포스트잇을 붙이듯 메모해야 하기 때문입니다.

요즘 스마트한 기획자들은 자료들을 찾아 노션이나 슬랙에 카테고리별로 정리하고, 검색으로 빠르게 꺼내 볼 수 있도록 저장해 두곤 합니다. 이런 방식은 지금 진행 중인 프로젝트뿐 아니라 앞으로 진행할 다른 프로젝트에서도 금고처럼 꺼내 쓸 수 있는 큰 장점이 있습니다. 물론 사람마다 차이가 있다 보니 저는 아무것도 없는 PPT에 자료를 붙여가며 생각하는 방식을 선호합니다.

우리 주변에서 일어나는 모든 현상에 내가 하는 기획의 답이 있다고 생각합니다. 그래서 일단 미션이 생기면 그 미션과 조금이라도 관련이 있어 보이는 키워드에 대한 정보들을 찾아 PPT에 쓸어 담듯 붙여 놓습니다. 기사, 영화, 책, 뉴스레터, 트렌드 자료, 수치, 이미지 등 다양한 형태의 자료를 붙이고, 그 옆에 내 생각도 함께 메모합니다. 메모는 거창할 필요가 없습니다. '이 자료가 내 기획과 어떻게 연결될 수 있을까?'처럼 간단한 생각만 덧붙이면 충분합니다.

자료를 찾고 읽고 모으는 과정에 내 생각을 더하면서 맥락이 만들어지는 것, 이것이 바로 '포스트잇 생각법'입니다.

'단백질 식품' 마케팅 기획을 한다면

그럼 사례를 통해 살펴보겠습니다. 내가 지금 '단백질 식품'에 대한 마케팅 기획서를 써야 한다고 가정해 봅시다. 그럼 어떤 순서로 자료를 수집하고, 그때마다 어떤 생각을 하는지 살펴볼게요.

1__ 업계 자료 찾기

건강식품 업계의 자료를 찾다가 오픈서베이에서 이런 내용을 발견했습니다. '소비자들은 단백질 성분에 대해 큰 관심이나 인식이 없다.' 이때 그냥 '그렇구나' 하고 넘어가는 것이 아니라 이 자료와 내가 하려는 기획이 어떤 접점이 있는지 한 번 생각해 보고, 이 자료를 캡처해 PPT에 붙여두고 그 옆에 메모를 남깁니다.

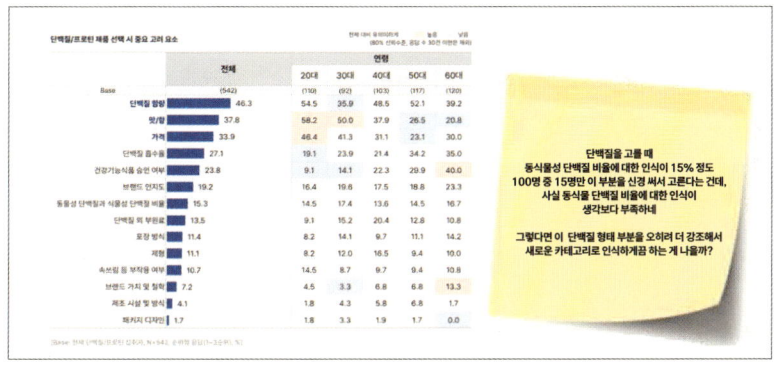

(도표 이미지 출처 : 오픈서베이 건기식 트렌드 리포트 2022)

'생각보다 사람들은 단백질이 뭘로 만들어졌는지 관심이 없네?'

'그렇다면 우리가 강조하려는 성분을 새로운 카테고리로 인식시켜야 할지도 몰라.'

그리고 여기서 생각을 더 확장해 봅니다. 다른 브랜드는 어떻게 새로운 카테고리를 만들었는지, 관련된 마케팅 성공·실패 사례는 없는지, 소비자 관련 심리학 자료는 어떤지 등을 찾아봅니다. 그리고 만약 여기서 생각이 막힌다면 그냥 멈추고 다른 키워드로 넘어갑니다.

'왜 생각이 안 나지? 난 아이디어가 없나 봐.' 괜찮습니다. 좌절할 필요 없습니다. 지금 막힌 이 생각도 언젠가 또 써먹을 수 있습니다. 그러니 일단 멈추고 거기까지만 메모하고 다음으로 넘어갑니다.

2 ___ SNS 분석

인스타그램에서 단백질 식품 인증샷들을 살펴봤더니 대부분 영양 정보보다 멋진 외형을 강조하고 있었습니다. #다이어트 #오운완 #바디프로필 등의 해시태그가 주로 보입니다. 그럼 다음과 같은 인사이트를 메모할 수 있겠죠.

'Z세대는 단백질을 건강보다는 아직 다이어트와 더 많이 연결해서 인식하고 있네.'

3 ___ 소비자 트렌드 리포트 조사

바디프로필 관련 트렌드 자료에서 'MZ세대의 대부분이 바디프로필을 찍고 싶어 하지만 실제로 찍는 사람은 2%도 안 된다'는 수치를 확인했다면, 이 자료 옆에는 이렇게 메모합니다.

'인스타에선 나 빼고 모두 바프 찍는 것처럼 핫하지만, 실제로는 성공하지 못하는 사람들이 더 많네.'

'운동은 안 해도 단백질 음료 하나 마셨을 뿐인데, '관리하는 나' 느낌이 들잖아.'

'맨날 말로만 다이어트를 하는 '마우스 다이어트족'에게 공감을 주는 메시지로 사용해 볼 수 있겠군.'

4 ___ 커뮤니티·유튜브 댓글 탐색

커뮤니티나 유튜브 댓글을 보면서 단백질 식품 관련 짤이나 밈을 찾아봅니다.

'사람들이 '근손실'이라는 키워드로 재밌게 노네. 이걸 접목해 볼까?'

'단백질 시장은 운동을 하는 사람과 안 하는 사람들의 특징이 극명하게 나뉘지네?'

5 ___ 해외 사례 조사

해외 사례를 보다가 단백질 식품들이 해외에서는 '에너지 부스팅'을 주요 판매 포인트로 잡고 있다는 자료를 발견했습니다. 그렇다면 국내 시장에서도 단백질 식품을 단순한 영양 보충제가 아닌, 에너지 드링크로 포지셔닝할 가능성을 모색할 수 있을 것 같습니다.

'국내에선 '단백질 = 헬스' 느낌인데, 해외는 에너지 음료처럼 쓰이네?'
'이걸 차별화 포인트로 잡아볼 수 있겠다.'

이렇게 수집된 다양한 자료들과 옆에 붙인 나의 생각 메모들이 PPT 한가득 쌓이게 됩니다. 겉보기엔 뒤죽박죽일 수 있지만, 내 머릿속에서는 연결과 맥락이 조금씩 생기고 있는 중입니다.

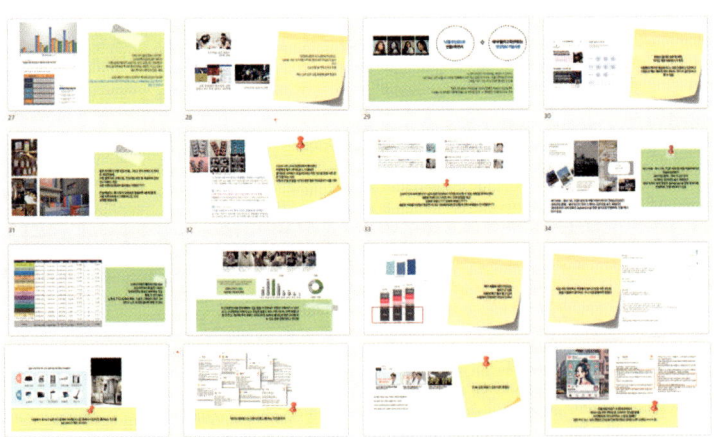

그럼, 자료는 언제까지 모아야 할까요? '머릿속이 생각으로 가득 차서 흘러넘칠 때까지'입니다. 에디슨은 사후에 3,500페이지 분량의 노트를 남겼다고 하죠. 기획서를 당장 써야 하는 그 순간만큼은 많은 자료를 보고, 생각을 메모해야 합니다.

정리해 보면, 아이디어는 앉은 엉덩이로 쌓아낸 정보의 결과물입니다. 수많은 자료를 찾아 붙이고, 그 옆에 생각을 덧붙이며, 그렇게 한 장 한 장 쌓인 포스트잇들이 언젠가 실행할 수 있는 날카로운 기획이 됩니다. 이것이 바로 '포스트잇 생각법'의 시작입니다.

"아이디어는
엉덩이로 쌓은 정보의 싸움이다."

02 조인트 생각법

앞에서 자료를 찾아 수집하고, 이것저것 메모를 남기며 생각의 범위를 넓히고, 아이디어를 정리하는 과정을 살펴봤습니다. 그럼 이제, 이렇게 모은 정보들을 진짜 '내 생각'으로 전환해 보겠습니다.

새로운 자료와 내 기획을 연결시키는 생각법

블레즈 파스칼은 "내가 아무것도 새로운 것을 말하지 않았다고 말하지 마라. 배치가 새로운 것도 새로운 것이다."라고 말했습니다. 이처럼 아이디어란 꼭 세상에 없던 무언가를 창조하는 것만은 아닙니다. 결국은 정보와 정보 사이의 연결이고, 그 연결을 어떤 방식으로 재배치하느냐에 따라 완전히 새로운 아이디어로 완성될 수 있는 것입니다.

그럼 앞에서 예로 든 '단백질 식품' 마케팅 기획을 다시 가져와 보겠습니다. 단순히 몇 가지 자료를 찾았을 뿐이지만, 이 자료들만 연결해도 하나의 아이디어로 정리할 수 있습니다. 예를 들어 단백질과 관련해 이런 키워드들이 나왔다고 가정해 볼게요. 이 키워드들을 조합하고 연결해 보겠습니다.

> 근손실 / 헬스족 / 에너지 부스트 /
> 다이어트 / 오운완 / 마우스 다이어트족

이 키워드들을 보면 같은 MZ세대 안에서도 단백질에 대한 접근방식이 완전히 다른 두 타깃이 존재하고 있는 것을 알 수 있습니다.

- 근손실을 무서워하는 '운동 중독 헬스족'의 단백질
- 운동은 못 해도 매일 다이어트만 외치는 '마우스 다이어트족'의 단백질

이들은 단백질에서 기대하는 것도, 듣고 싶은 메시지도 완전히 다를 겁니다. 그렇다면 하나의 메시지로 타깃을 묶는 건 무의미하겠죠. 이때 떠오를 수 있는 전략은 바로 '타깃 세분화'입니다. 상황, 관심사, 라이프

스타일, 연령대에 따라 메시지를 분리해 보는 것이죠.

근손실을 무서워하는 운동 중독 헬스족들에게는 '영양 보충은 물론이고, 운동할 때 에너지 부스트업까지 되는 단백질이야'라는 메시지를, 운동이 힘들어 포기하는 마우스 다이어트족들에게는 '오늘 운동 못 했다고? 일단 단백질이라도 먹자'라는 위안의 메시지를 주어야 귀에 들어오겠죠?

- 근손실이 무서운 운동 중독 헬스족
→ 단백질 묻고 '에너지 부스트' 더블로 가!
- 의지가 약한 마우스 다이어트족
→ #오늘의운동완료 어렵다면 일단 #오늘의단백질완료! #오단완

이처럼 자료들을 통해 얻게 된 인사이트와 키워드들로만 새롭게 재배치하고 연결해도 메시지가 만들어지고 구체화됩니다. 물론 이후에는 이 메시지에 맞춰 구체적인 실행 프로그램을 만들어야겠지만, 이미 기획의 핵심방향은 잡힌 셈입니다. 실행 프로그램을 잠깐 생각해 보면, 추성훈 '아조씨'를 섭외해 '단백질 묻고 에너지 부스트업'을 강조하는 단백질 콘텐츠를 만들거나, 딱 일주일만 다이어트를 하는 컨셉으로 유명한 유튜버 '일주어터'가 함께 콘텐츠를 만들어도 아주 재미있는 그림들이 나올 것 같네요.

걱정하지 않아도 뇌가 연결해 준다

'저는 자료는 잘 찾는데, 기획과 연결이 잘 안 돼요.'

이런 고민을 하는 분들도 있을 거예요. 하지만 걱정하지 마세요. 우리의 뇌는 자연스럽게 연결을 만들어 내는 능력을 가지고 있습니다.

처음에는 약간의 연습이 필요하지만 습관이 되면 나중에는 무의식적으로도 연결이 시작됩니다. 예를 들어 길을 걷다 간판을 보거나, 예능을 보거나, 드라마를 볼 때도 '내가 지금 기획 중인 아이디어와 어떻게 연결될 수 있을까?' 하는 연습을 해보는 겁니다. 이 훈련이 반복되면 뇌가 알아서 관련 자극을 골라서 보여주기 시작합니다. 이런 현상을 RAS(Reticular Activating System)라고 부르는데, 우리가 어떤 주제에 집중하고 있을 때 뇌가 그 주제와 관련된 정보만 더 선명하게 인식하게 해주는 시스템입니다.

혹시 이런 경험 있으셨나요? '아이패드 사고 싶다'는 생각이 들자마자 주변에 아이패드 쓰는 사람만 보이고, 카페에서도 다들 아이패드로 작업하고, 세상에 나만 아이패드가 없는 것처럼 느껴지는 경험. 그때가 바로 RAS가 작동한 순간입니다.

예전에 제가 새로운 SNS 채널을 오픈해야 하는 프로젝트를 맡았을 때였습니다. 그 브랜드의 채널 컨셉은 '프로덕션'이었고, 유튜브 채널 오픈 이벤트를 기획해야 하는데, 어떻게 콘텐츠화할까 고민하며 계속 그 생각을 머릿속에 담고 있었습니다. 그러던 중 친구를 만나 신촌에 놀러 갔는데, 그때가 마침 3월이어서 주변에서 들려오는 말소리 속에 '개강파티' 이야기가 들렸습니다.

'엇, 개강파티? 내가 기획하는 채널도 '프로덕션'을 오픈하는 컨셉이니 '개업파티'를 열어보면 어떨까?'

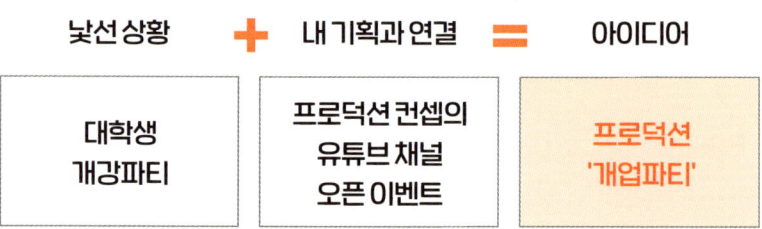

개강파티가 개업파티로 연결된 거죠. 그리고 좀 더 그럴싸하게 신장 개업하듯이 '개업잔치'로 컨셉을 바꿔보고, 이벤트 경품은 '개업떡'으로 준비해 보고, 인스타그램 태그 이벤트는 '#개업잔치에_친구와_함께_오세요'로 포장해 봤습니다. 이런 식으로 연결이 시작되면서 재미있는 콘텐츠 기획이 완성되었습니다.

평소 같았으면 '3월이니 애들 개강했구나. 개강파티 할 때가 좋을 때다' 하면서 무심히 지나갈 수 있는 이슈였는데, 내가 기획하는 대상과 '연결'을 하니 유튜브 채널 오픈 이벤트가 '개업잔치'라는 컨셉으로 바뀌게 된 거죠. 이 기획은 규모가 크지 않은 소셜 이벤트 기획이었지만 제안하자마자 토씨 하나 수정 없이 그대로 진행되었습니다. 이렇게 집중하는 대상에 대한 생각의 연결은 인사이트가 되기도 하고, 컨셉이 되기도 하고, 아이디어로 다가와 주기도 합니다.

기획을 할 때도 마찬가지입니다. 너무 걱정만 하지 말고, 말도 안 되는 것도 이것저것 마음껏 연결을 연습해 보세요. 그다음부터는 훈련된 뇌가 알아서 보여줄 겁니다. 지금 내 기획과 무관해 보이는 모든 것도, 실은 연결될 수 있는 생각의 단서들입니다.

멀리 떨어진 것을 연결해 보기

아무리 아이디어를 짜내려 해도 연결이 잘 안 되는 날이 있습니다. 생산성도 안 나오고, 했던 생각만 계속 뱅뱅 돌면서 답답한 날 말이죠.

이럴 때 저는 관련 업무를 멈추고, 회사에 비치되어 있는 '아무 책'이나 펼치곤 합니다. 이때는 마케팅 관련 책이나 관련 레퍼런스 내용이 아닌, 에세이 같이 완전히 다른 분야의 책을 선택합니다. 보통 20분 정도 책을 넘기다 보면 예상치 못했던 문장을 만나기도 하는데, 새로운 단어에서 답을 찾거나 머리가 다시 맑아지는 경험을 하곤 합니다. 예상하지 못했던 멀리 있는 단어들이 새로운 영감을 주기 때문입니다.

이렇게 관련이 없는 것 같은 생각의 조각들이 새로운 연결을 만들어주는 경험은 뇌과학적으로도 입증되어 있습니다. 창의력은 뇌의 한 지점이 아닌, 멀리 떨어져 있던 뇌 영역들이 동시에 활성화될 때 발생한다고 합니다. 예상 밖의 자극, 연결되지 않던 개념들이 만나야 창의적인 아이디어가 나온다는 것이죠. 실제로 멀리 떨어진 개념들이 모여 어떻게 아이디어가 되는지 사례 하나를 소개하겠습니다.

　어릴 적 한 번쯤 가지고 놀았던 바비 인형을 기억하시죠. 하지만 시대가 변하며 인기가 시들해졌습니다. 그래서 장난감 제조사 마텔은 과감한 결정을 내립니다. 2023년, 바비 인형을 더 이상 아이들의 장난감으로 마케팅하지 않고, '영화'로 만들기로 한 거죠(《바비(Barbie)》, 2023). 여기서 끝이 아닙니다. 에어비앤비와 협업해 캘리포니아 말리부에 '바비의 드림하우스'를 실제로 만들어 사람들이 숙박할 수 있도록 했습니다. 어렸을 때 가지고 놀던 인형의 집에서 실제로 숙박을 할 수 있다니 너무나 환상적인 아이디어입니다. '바비인형 + 숙박'의 만남이라니, 너무나 멀게 느껴지는 조합이지요?

　전혀 연결되지 않을 것 같은 바비 인형과 영화, 숙박의 조합은 결국 수백억 달러의 매출과 함께 바비를 다시금 '힙한 문화적 캐릭터'로 재탄생시켰습니다. 이건 단지 잘 만든 영화나 광고 때문만이 아닙니다. 전혀 관련 없어 보이던 아이디어들을 연결하는 발상의 힘이 만들어 낸 결과였습니다.

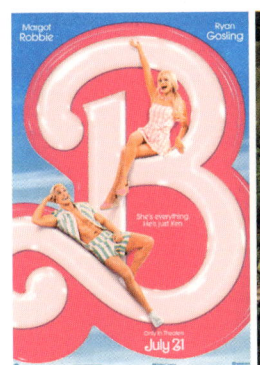 

정리해 보면 조인트 생각법은 '자료 + 생각 + 연결'의 조합입니다. 연결은 연습을 통해 강화됩니다. 가까운 것뿐 아니라 멀리 떨어진 것들까지도 연결할 수 있는 뇌의 회로를 키워야 합니다. 걱정하지 마세요. 당신의 뇌는 이미 연결을 잘하고 있는 중입니다.

"아이디어의 키는
멀고 낯선 곳에서 발견되기도 합니다."

03

반수면
생각법

　　　　　이런 경험, 해보신 적 있으신가요? 머리를 감다가 문득 고민하던 문제에 대한 답이 떠오른다든지, 깊이 골똘히 생각하다가 잠들기 직전의 몽롱한 상태에서 갑자기 해결책이 번쩍 떠오르는 그런 경험 말입니다.

　저는 기획서를 써야 할 때, 자료를 찾고 생각을 정리하고 아이디어를 꺼내보려 아무리 애를 써도 머릿속이 복잡하게 얽혀 정리가 잘 안 되는 순간이 자주 있었습니다. 그럴 때에는 '에라 모르겠다'는 마음으로 사내 휴게실이나 안마의자에 가서 30분쯤 머리를 식히고 오곤 합니다. 그런데 신기하게도, 그렇게 쉬고 돌아오면 무엇을 어떻게 써 내려가야 할지가 머릿속에 좌르륵 떠오르기 시작하는 경험을 여러 번 했습니다.

쉬려고 갔다가 생각이 정리되어 벌떡 일어나 책상으로 달려와 정리된 내용을 기획서에 옮겨 적었던 기억, 그때의 짜릿함을 저는 아직도 잊지 못합니다. 그래서 저는 종종 "아이디어가 휴게실에서 떠올라요"라고 말하곤 합니다. 심지어 제 동료는 "또 아이디어 내러 자러 갔냐?"며 장난삼아 말하기도 했죠.

뇌가 일할 시간을 주기

그런데 이게 단순한 우연이 아닙니다. 뇌과학적으로도 이 현상은 근거가 있습니다. 과학 저널 〈네이처(Nature)〉에서도 '번뜩임'에 대한 실험이 진행된 적이 있습니다. 연구진은 사람들에게 문제를 제시하고, 세 그룹으로 나누어 문제를 어떻게 해결하는지 실험했습니다.

- 고민거리를 아침에 보고 8시간 동안 '깨어서' 생각한 사람들
- 고민거리를 밤에 보고 8시간 동안 '깨어서' 생각한 사람들
- 고민거리를 밤에 보고 8시간 동안 '잠을 잔' 사람들

자, 누가 문제를 가장 잘 해결했을까요? 정답은 세 번째, 잠을 잔 그룹이었습니다. 이 현상은 우리가 아무것도 하지 않을 때 활성화되는 '디폴트 모드 네트워크(Default Mode Network, DMN)' 덕분입니다. DMN은 뇌가

특정 작업에 집중하고 있지 않을 때 활성화되며, 그 상태에서 뇌는 무의식적으로 정보를 재정리하고, 서로 관련 없어 보이던 것들을 연결해 새로운 인사이트를 만들어 냅니다.

노트북 앞에 앉아 며칠 동안 자료를 모으고 데이터를 읽고 인사이트를 고민하다가 휴게실에서 조용히 30분쯤 반수면 상태로 쉬고 있던 그 순간, 바로 그때 뇌는 바쁘게 제 머릿속에 들어온 정보들을 새로운 방식으로 재배치하고 연결하고 있었던 거죠.

이런 방식은 유명인들도 활용했습니다. 에디슨은 짧은 낮잠을 활용해 아이디어를 떠올렸고, 살바도르 달리는 의도적으로 잠이 들지 않는 상태, 바로 '잠들기 직전의 경계'에 머물며 뇌가 자유롭게 연결을 만들 수 있도록 시간을 주었다고 합니다. 이게 바로 '반수면 상태'입니다.

물론 그렇다고 회사에서 "저 아이디어 떠올리러 휴게실 좀 갔다 올게요~"라고 말하면 큰일 나겠죠. 이 DMN의 전제는 키워드 마인드맵, 자료조사, 포스트잇 생각법, 조인트 생각법 등 이러한 집중적인 '인풋'을 충분히 넣은 후에, 그 재료들을 가지고 뇌가 스스로 '작업할 시간'을 주어야 효과가 있다는 점을 꼭 기억하세요.

이제 자료를 모으고, 연결하고, 생각을 붙잡아두는 '기획자의 머릿속'도 잠깐 멈추고 정리할 시간이 필요합니다. 그 시간을 줄 때, 뇌는 혼자서도 놀라운 아이디어를 찾아줍니다.

04

자료수집
스킬

       사실 기획서를 쓸 때 자료를 잘 찾고 둘러보고 정리하는 능력은 생각보다 큰 경쟁력입니다. 항상 아이디어를 내야 하는 우리 같은 직업군에서는 서로 어떤 사이트를 보는지, 어디서 레퍼런스를 얻는지가 무척 궁금하기도 합니다.

  회사에 아이디어가 늘 반짝이던 선배가 한 분 계셨는데, 선배가 도대체 어디서 자료를 찾고, 어떤 경로로 인사이트를 끌어오는지 정말 궁금했습니다. 속으로는 '선배의 영업비밀 아닐까?' 싶으면서도 "선배님은 무슨 사이트 보세요?"라고 묻고 싶기도 했고, 소심한 저는 슬쩍 선배의 모니터를 훔쳐본 적도 있었습니다. 그만큼 기획에 있어서 양질의 자료를 수집하는 능력은 매우 중요한 '스킬' 중 하나입니다.

업계마다 참고하고 찾아야 하는 자료의 종류는 다르겠지만, IMC 마케팅 기획자인 저는 다음과 같은 정보들을 주로 참고합니다. 모든 자료를 다 보는 건 현실적으로 어렵지만, 내가 기획하는 주제에 가장 적합한 자료를 찾아 탐색하는 것이 핵심입니다.

생각을 넓혀 주는 정보 창고

1 __ 미디어 리포트

메조미디어, 나스미디어, DMC, 오픈서베이 등 광고·미디어 업계에서 발행하는 트렌드 리포트들은 꾸준히 확인해야 합니다. 이 자료들은 앱 이용자 수, 연령별 분석, 광고 수치나 그래프 등 시각화된 정보가 많아 기획서의 근거자료로 활용하기에 매우 좋습니다. 특히 오픈서베이의 경우 매주 질 높은 리포트를 메일로 제공하고 있으니, 뉴스레터 구독은 꼭 해두는 걸 추천합니다.

2 __ 젠지 & 트렌드 감도 확인

트렌드에 민감한 Gen Z의 생각과 행동을 파악하는 건 필수입니다. 물론 주니어 기획자라면 이미 삶 자체가 트렌드로 살고 있겠지만, 정리된 레퍼런스를 공부하는 것은 기획서를 쓸 때 큰 도움이 됩니다. 유튜브의 다양한 숏츠, 인스타그램 해시태그 검색, X(트위터)의 실시간 키워드 검색, 이외에도 MZ 타깃에 특화된 뉴스레터인 〈뉴닉〉과 〈캐릿〉 구독(유료)도 매우 유용합니다. 그리고 제일기획의 〈제일 매거진〉도 Z세대 인사이트 트렌드에 대한 정보들이 가득합니다.

3 ___ 구글, 네이버, 퀘타아이 분석

구글 트렌드, 네이버 데이터랩 등은 검색량 추이 등을 확인해 보는데 유용합니다. 검색 기반의 데이터 추이를 통해 산업 전체 흐름이나 특정 키워드의 관심도 변화, 주요 타깃의 관심사 등을 파악할 수 있습니다. 최근에는 AI 기반의 퀘타아이 같은 키워드 플랫폼도 등장하고 있어 마케팅에 대한 데이터 분석은 점점 더 고도화될 것으로 보입니다. 트렌드 분석의 경우 인사이트를 찾아 아이디어로 발전시키기보다는 보통 아이디어를 먼저 정해두고 그 아이디어를 뒷받침해 줄 근거자료를 찾는 용도로 많이 사용합니다.

키워드 검색을 할 때는 시장분석, 경쟁브랜드분석, 타깃분석, 트렌드 분석을 위한 메인 키워드를 넣고 연관 키워드까지 넣어 보는 것을 추천합니다.

- 네이버 데이터랩 https://datalab.naver.com/
- 구글 트렌드 https://trends.google.co.kr/
- 퀘타아이 https://quettai.com/

4 __ AI 검색

최근에는 정보가 필요할 때 AI 검색 툴을 자주 이용합니다. 챗GPT와 제미나이(Gemini)는 물론이고, 퍼플렉시티(Perplexity.ai)를 통해 검색하면 굉장히 많은 자료들을 찾을 수 있습니다. 특히 퍼플렉시티는 단순한 요약보다 신뢰도 있는 출처와 함께 리포트 형태로 정리된 데이터를 제공하는 데 강점이 있습니다.

5 __ 매거진 콘텐츠

요즘처럼 온라인 트렌드 정보가 넘쳐나는 시대에 '지금도 종이 매거진을 보나?' 싶겠지만, 매거진은 정보를 얻기보다 다양한 주제를 접하며 생각을 시작하게 만드는 데 큰 역할을 합니다. 매거진 에디터들이 고르고 다듬은 문장에서 훌륭한 아이디어와 감도 높은 표현들을 발견하곤 합니다.

아이디어를 낼 시간이 조금 넉넉할 때는 잡지들을 잔뜩 꺼내 펼쳐놓고 살펴보기도 합니다. 주로 GQ, 마리끌레르, 엘르, 여성지, 브랜드 매거진 〈Magazine B〉 등을 보는데, 종이 매거진 외에도 매거진의 공식 웹사이트에 들어가 보는 것도 추천합니다.

6 __ 핀터레스트(Pinterest)

아이디어의 큰 방향이 정해지고 나면, 그 아이디어를 시각화하기 위해 이미지 검색을 합니다. 기획서에 이미지를 넣어야 하는데 아이디어가 구체적으로 떠오르지 않을 때가 있습니다. 이럴 땐 핀터레스트 같은 이미지 사이트에서 다양한 이미지들을 둘러보다 보면 시각적인 아이디어를 얻을 수 있습니다. 이 과정에서 기획서의 퀄리티는 자연스럽게 올라가고, 아이디어가 더 명확하게 정리되는 경험도 자주 하게 됩니다. 시각화에 대한 아이디어를 넓히기 위해서는 Awwwards, Behance와 같은 큐레이션 사이트를 둘러보는 것도 도움이 됩니다.

기획자에게 '자료조사'는 단순한 준비 과정이 아니라 아이디어의 원재료를 채굴하는 과정입니다. 단순히 자료를 모으는 게 아니라 기획의 목적에 따라 적절한 자료를 선별하고 골라내는 능력이 결국 아이디어에서도 차이를 만들어 냅니다. 자료 수집을 잘하는 것도 하나의 능력입니다. 트렌드에 밝으신 여러분이라면 제가 소개한 것 외에도 자신만의 루틴과 방식으로 생각을 넓히는 정보 창고를 만들 수 있을 거라 생각합니다.

PART 4

> **기획의 완성, 설득력**

INTRO

지금까지 우리는 기획서 작성에 필요한 논리력, 그리고 기획을 할 때 어떤 방식으로 생각을 확장하고 정리할 수 있는지 살펴봤습니다. 이제부터는 기획서의 해상도를 높이는 작업을 해보려고 합니다. 같은 기획서라도 아주 작은 차이로 인해 설득력의 성패가 갈리는 순간이 있기 때문입니다. 기획의 현장에서는 종종 이런 일이 벌어지곤 합니다.

- 앞부분에 강조 컨셉 하나만 잘 넣었을 뿐인데, 기획안이 통과되거나
- 아이디어는 괜찮았지만, 정리되지 않은 문서 구조 때문에 이해가 안 되어 기각되거나
- 결정권자가 듣고 싶었던 이야기가 너무 뒤에 나와서 제대로 어필하지 못하거나
- 평범한 내용이었지만, 컨셉 워딩 하나가 눈에 잘 들어와 통과되는 경우까지

이처럼 기획서의 운명을 결정짓는 요소는 아주 사소한 것에서 갈릴 때가 많습니다. 왜 그럴까요? 기획서도 결국 '사람'이 보는 것이기 때문입니다. Part 2에서 소개한 아리스토텔레스의 '설득의 3요소' 기억하시나요?

- 로고스(Logos) : 근거, 논리
- 파토스(Pathos) : 감성
- 에토스(Ethos) : 신뢰

앞에서는 로고스, 즉 논리와 사고를 중심으로 다뤘다면 Part 4에서는 감성적으로 설득하는 기술(파토스)과 신뢰를 형성하는 방식(에토스)에 대해 집중적으로 살펴보려 합니다.

아이디어도 괜찮고, 구조도 탄탄한 기획서를 써 놓고도 결정권자의 마음을 얻지 못해 내 기획서가 그저 PPT 파일 하나로 끝나는 일이 일어나면 안 되니까요.

그럼 지금부터 기획서의 설득력을 높이는 기술, 그리고 결정권자의 마음을 움직이는 방법을 함께 살펴보겠습니다.

📂 Level-up Point

- [ ] 기획에 설득을 자연스럽게 녹여내는 방법
- [ ] 결정권자의 마음을 움직이는 설득의 기술

01

문서 정리의
4가지 원칙

　　　　　　설득력 있는 기획서를 만들기 위해 가장 필요한 것은 '호감 가는 내용'입니다. 기획서에 호감이라니, 다소 생소하게 들릴 수도 있습니다. 하지만 우리가 기획서나 보고서를 열었을 때 정리가 안 된 빽빽한 글만 눈앞에 펼쳐진다면 일단 읽고 싶지가 않죠. 그 순간, 그 문서는 '비호감 기획서'가 됩니다. 보통 PT 현장에서는 여러 개의 기획안이 함께 검토되기 때문에 깔끔하게 정리된 기획서가 선택될 확률이 훨씬 높습니다.

　기획서를 작성할 때 전략단과 실행단의 작업을 통해 기획안이 정리되면 내가 전달하고자 하는 내용을 슬라이드 한 장 한 장에 옮겨 적는 작업을 해야 합니다. 하지만 이게 말처럼 쉽지 않습니다.

슬라이드 한 장에 뭘 넣어야 할지도 모르겠고, 페이지를 어떻게 구성해야 할지도 모르겠고, 이것저것 넣다 보면 지저분해 보이기도 합니다. 뭔가 깔끔하게 보이고 싶은데, 생각대로 되지 않습니다.

바로 이때 필요한 것이 '정리'입니다. '정리'의 어원은 이해시키도록 배치하고, 체계적으로 다듬는다는 뜻입니다. 아무리 아이디어가 좋고, 의도가 좋아도 정리가 안 되어 있는 문서는 본 게임에 들어가기도 전에 이미 아웃되어 버립니다. 많은 노력과 시간이 담긴 기획서라도 정리가 제대로 안 되어 있다면 한순간에 사라져버릴 수 있다는 거죠.

그럼 여기서 문서 정리에 필요한 4가지 기본원칙을 소개하겠습니다. 당연해 보이지만 중요한 원칙들입니다.

문서 정리를 위한 4가지 기본원칙

① 잘 뽑기 : 1페이지 1메시지
② 잘 묶기 : 같은 레벨의 정보를 한 페이지에
③ 잘 줄이기 : 불필요한 중복, 긴 문장 정리
④ 쉽게 쓰기 : 말하듯이 쓰기

잘 뽑기 : 1페이지 1메시지

기획서를 작성할 때 가장 흔히 하는 실수 중 하나가 한 장에 여러 메시지를 욱여넣는 겁니다. '이것도 넣고 저것도 넣어야 내가 뭔가 많이 한 것 같고, 있어 보이겠지…'라는 마음이지만, 결과는 정반대로 나타납니다. 슬라이드를 보는 사람은 '지금 이 슬라이드에서 뭘 봐야 하는 거지?'라며 헷갈리기 시작합니다.

한 장에는 하나의 메시지만 담는 것, 이게 바로 정리의 핵심입니다. 예를 들어 '신규고객 유입 통로'라는 슬라이드를 만든다면 그 페이지는 신규고객 이야기에만 집중해야 합니다. 그런데 갑자기 중간에 기존 고객 이야기가 등장하면 슬라이드는 방향을 잃고 맙니다. 기존 고객 이야기를 하고 싶다면 다음 장에 따로 정리해서 풀어주는 것이 훨씬 설득력이 있습니다.

잘 묶기 : 같은 레벨의 정보는 한 페이지에 같이 넣기

기획서를 쓸 때 많은 사람들이 어려워하는 부분이 '정보를 어떻게 묶어야 할지'에 대한 방법입니다. 정보를 나열만 하다 보면 슬라이드가 복잡해지고, 보는 사람은 내용을 파악하기 어렵습니다. 이럴 때 필요한 것이 바로 청킹(Chunking) 기법입니다. 복잡하고 방대한 정보를 '동일한 수준과 맥락'에 따라 묶어주는 기술입니다.

보통 기획서나 보고서를 작성할 때 단순하게는 '과거 - 현재 - 미래'의 시간순으로 묶을 수 있고, '정성적 - 정량적'으로도 묶을 수 있습니다. 이

외에도 'Horizontal - Vertical' '감성 - 이성' '주니어 - 시니어' 'As-Is와 To-Be' 'Used to be - Seek to be'처럼 반대 개념으로도 묶을 수 있습니다. 또 타깃으로 묶는다면 '브랜드는 알지만 방문 안 한 소비자 - 사이트에 방문만 한 소비자 - 구매까지 한 소비자'로 묶을 수도 있습니다.

이처럼 기획서를 쓰다 보면 묶을 수 있는 카테고리는 무궁무진합니다. 타깃들의 특징끼리 묶고, 소비자 불만의 유형끼리 묶고, 경쟁사들의 특징끼리 묶고, 시간대별로 묶을 수 있습니다. 내가 쓰고자 하는 정보의 공통점을 발견해 그들끼리 묶어서 그 카테고리 그룹 이름을 붙이면 됩니다.

예를 들어 '대한민국의 운동 트렌드가 러닝으로 바뀌고 있다'는 메시지를 전달하기 위해 수많은 자료를 열심히 수집했다고 가정해 보겠습니다. 여기서 내가 전하고 싶은 메시지는 '대한민국에 러닝 붐이 불고 있다'는 것입니다. 그런데 많은 자료를 찾아 잘 요약 정리해 리스트업해 보니 막상 여러 내용이 섞여 있어 읽고 싶지가 않습니다.

이럴 때 청킹(Chunking) 기법으로 비슷한 레벨과 유사한 정보들끼리 하나의 그룹으로 묶어 보면 쉽게 풀립니다. 위에 줄줄이 적힌 내용들을 같은 내용끼리 묶은 다음 '일상적 - 산업적 - 기술적' 측면으로 나누어 각 카테고리에 맞게 자료를 정리하면 산만하게 퍼져 있던 자료들이 3개의 큰 그림으로 정돈됩니다. 이렇게만 나눠도 '지금 대한민국의 러닝 트렌드가 내 일상뿐만 아니라 산업과 기술 영역으로 확실히 변화하고 있구나!'라는 메시지를 쉽게 전달할 수 있습니다.

이처럼 자료가 흩어져 있더라도 유사한 성격의 정보끼리 잘 묶으면 명확한 기획서가 됩니다.

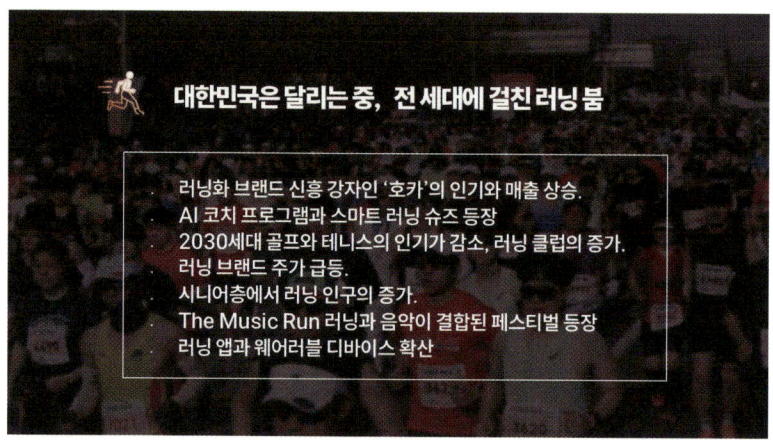

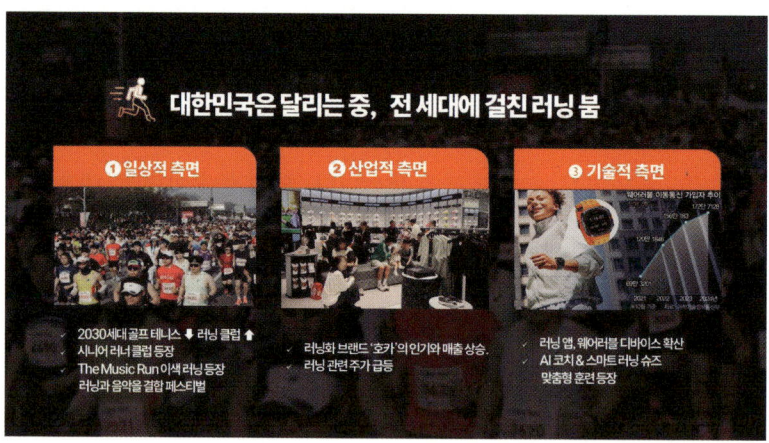

잘 줄이기 : 요약하기

윤동주의 시 〈쉽게 쓰여진 시〉가 결코 쉽게 쓴 시가 아니듯, 쉽게 읽히는 기획서 역시 결코 쉽게 쓰여진 문서가 아닙니다. 정리 잘하는 기획자는 자신이 쓴 문장을 읽고 또 읽고, 불필요한 표현을 방망이 깎는 노인처럼 깎고 또 깎으며 과감히 줄이는 작업을 반복합니다. 화려한 단어나 수사가 있어야 그럴듯해 보일 것 같지만, 문장이 길어지고 복잡해질수록 집중력이 떨어지고 설득력이 약해지기 때문입니다.

우리가 기획서를 쓰다 보면 생각보다 문장을 구구절절 길게 쓰고 있다는 사실을 알게 됩니다. 읽는 사람들 대부분은 문서가 조금이라도 복잡하다고 느껴지거나, 한눈에 들어오는 정보가 많아지는 순간 바로 주의력이 흐트러지고 딴짓을 하게 됩니다.

군더더기를 제거해 한번에 읽힐 수 있게, 한눈에 볼 수 있게 하는 것이 고수의 기획서입니다. 고수들은 쉽게 읽히는 기획서를 만들기 위해 자신만의 정리 기준을 세우고 끊임없이 내용을 다듬습니다. 수많은 자료를 찾아 작성한 문장들을 줄이고 삭제 버튼을 누르는 작업을 하다 보면 이렇게 다 지워도 의미가 전달될까 싶지만, 줄이고 줄이다 보면 결국엔 더 확실한 '메인 키워드'만 남게 됩니다.

기획서 고수가 되는 방법은 '한눈에 읽히고, 바로 이해되는 문장'을 만들기 위한 연습을 하는 것입니다. 처음에는 내가 하고 싶은 말을 길게 써도 좋습니다. 하지만 나중엔 반드시 메인 키워드만 남기기 위해 다듬는 과정이 필요합니다.

> **메인 키워드만 남기는 과정**
>
> 1. PPT 안에서 비슷한 문장은 삭제한다.
> 2. 복문이 있다면 두 문장으로 나눈다.
> 3. 중복된 단어를 삭제한다.
> 4. 쓸데없는 접속사도 삭제한다.
> 5. 불필요한 조사 '은/는/이/가'까지도 삭제해 본다.

다음은 회사에서 자주 쓰는 '현황'에 대한 PPT 슬라이드 내용입니다. 딱 봐도 너무 장황해서 읽고 싶지 않지요? 이러한 문장의 경우 메인 키워드만 남기면 아래와 같이 깔끔하게 줄일 수 있습니다.

장황하던 3문단이 단 3줄로 짧아졌지만, 내용의 손상 없이 무슨 이야기를 하는지 한눈에 보이게 줄여졌습니다. 이렇게 문장을 줄이고 군더더기를 제거하는 작업을 반복하다 보면 본질만 남는 깔끔하고 읽기 쉬운 문장을 만드는데 익숙해지게 됩니다. 이러한 과정을 통해 결정권자에게 기획서의 핵심 메시지를 명확하게 이해시키면서 호감 가는 기획서로 변하게 됩니다.

브랜드 캠페인 진행 현황(Before)

- 신규 브랜드 캠페인은 20~30대 소비자들로부터 큰 관심을 받고 있으며, 특히 캠페인 메시지가 20~30세대의 가치관과 라이프스타일에 맞아 떨어져 긍정적인 반응을 얻고 있음.

- 또한 페이스북, 인스타그램, 유튜브 등 SNS에서 확인되고 있으며, 게시물 조회수는 이전 대비 135% 이상 상승하고, 좋아요 수도 급격히 증가하고 있음.

- 댓글도 '브랜드가 젊어졌다' '메시지가 공감된다' 등 긍정적인 평가가 주를 이루고 있으며, 브랜드 인지도와 선호도 역시 함께 상승하고 있음.

브랜드 캠페인 진행 현황(After)

- 신규 브랜드 캠페인 메시지가 MZ세대 라이프스타일에 부합
- SNS 조회수, 이전 캠페인 대비 135% 상승
- 2030세대 긍정 반응 확보, 브랜드 인지도와 선호도 상승 중

쉽게 쓰기 : 말하듯이 쓰기

정리를 잘하는 또 하나의 방법은 '말하듯이 쓰는 것'입니다. 말을 쉽게 잘하는 분들도 기획서나 보고서만 쓰려고 하면 갑자기 어렵고 딱딱한 단어들이 떠오른다고 합니다. 그냥 글을 쓰라고 하면 일반적인 단어로 잘 쓰고, 메신저를 쓸 때도 쉽게 잘 쓰는데, 왜 기획서나 보고서를 쓰라고 하면 어려운 단어만 골라서 사용하는 걸까요?

우리는 보통 상사에게 가볍게 보고할 때는 이렇게 말합니다. "이 문제를 해결하려면 일단 다양한 방법으로 접근해 보는 것이 좋을 거 같습니다." 그런데 문서에 쓸 때는 '문제해결을 위한 다각적인 접근법 필요'라고 쓰고 있지 않나요? 평소에도 잘 쓰지 않는 '다각적' '접근법' '필요'라는 단어들을 굳이 문서에 넣고 있습니다. 이 글은 '문제해결을 위한 다양한 접근 필요' 정도로 쓰면 좋습니다.

'시장점유율의 확장 도모 및 경쟁력 제고를 위한 방안' 이런 문장도 눈에 들어오지 않습니다. 이를 '시장점유율 & 경쟁력 높이기' 이렇게 바꾸면 훨씬 쉽게 읽히죠? 사실 '경쟁력 제고' 같은 단어들은 오래된 기업이나 공공기관의 문서에서 수십 년 동안 써온 단어들이라 습관처럼 기획서나 보고서에 넣는 단어들입니다.

아마도 이건 우리도 모르게 몸에 밴 잘못된 습관일 수 있습니다. 예전 선배들이 그렇게 썼고, 우리도 자연스럽게 따라 하다 보니 문서에는 그렇게 써야 한다고 습관이 되어버린 겁니다. 하지만 말로 보고할 때를 떠올려 보세요. 정말 일상에서 저렇게 말할까요? 아니잖아요. 그러니 문서에서도 과감하게 바꾸면 됩니다. 좋은 문서는 읽기 쉬운 문서입니다.

또 문서에서 자주 쓰이는 '~을 통한' '및' '~에 있어서' '~에 의해' '~관련하여' '~것' 같은 표현들도 굳이 글로 쓸 필요가 없습니다. 오히려 없어야 눈에 잘 들어옵니다.

- ~ 및 : 점유율 및 경쟁력 → 점유율과 경쟁력
- ~ 을 통한 : 의사소통의 개선을 통한 협업 증진 → 의사소통을 개선해 협업 증진
- ~ 에 있어서 : 이 프로젝트에 있어서 중요한 요인 → 이 프로젝트에서 중요한 요인
- ~ 관련하여 : 문제와 관련하여 논의 필요 → 문제에 대해 논의 필요
- ~ 것 : 진행한 것에 관한 결과 → 진행 결과

어려운 한자어도 마찬가지입니다. '효율성 증대'는 '효율 높이기'로만 바꿔 줘도 문서 피로감이 훨씬 줄어듭니다. 이렇게 작은 단어들의 변화가 모여 읽기 좋은 문서가 됩니다.

문서를 쓸 때 이렇게 한번 자문해 보세요. '이 문장을 내가 평소에 말로 할 때도 이렇게 할까?' 입으로 말해보고, 자연스럽지 않다면 삭제하

거나 쉽게 바꾸는 것, 그게 바로 '읽히는 기획서'의 핵심입니다.

　기획서는 내용도 중요하지만 그 내용을 얼마나 '잘 전달하느냐'에서 결과가 갈립니다. 문장을 줄이고, 정리하고, 말하듯 풀어 쓰는 연습이 당신의 기획서를 '설득력 있는 문서'로 만들어 줄 겁니다.

02

진짜 설득은 마음에서 나온다

"사람이 논리로 설득이 돼?"

젊은 시절, 방시혁이 박진영에게 했던 말입니다. 이 한마디를 가지고 두 사람은 밤새도록 치열한 논쟁을 벌였다고 합니다. 20년의 세월이 흐른 뒤, 박진영은 "사람은 논리만으로 설득되지 않더라"라며 결국 인정했다고 하죠.

소크라테스도 "논리는 머리를 설득하고, 감성은 마음을 설득한다"고 말했죠. 설득의 본질은 결국 논리와 감성의 콜라보에서 나옵니다. 논리는 이성적으로 설득력을 주지만, 결국 사람의 결정을 이끌어 내는 건 '감성'입니다.

자동차 광고를 떠올려 보세요. 자동차 스펙을 나열하는 광고는 거의 없습니다. 최근 기아차 광고에서는 부모님을 어린 시절 추억의 장소로 모시는 장면이 나옵니다. 부모님이 아이처럼 환하게 웃는 단 한 컷. 그 한 장면이 자동차의 감성적 가치를 모두 설명해 줍니다. 단 하나의 자동차 스펙 설명도 등장하지 않지만, 우리는 충분히 설득됩니다.

기업의 이벤트도 마찬가지입니다. 성수동의 감성을 반영한 힙한 팝업 이벤트, MBTI를 활용한 콘텐츠, 가격이 비싸도 감성에 끌려 구매하게 되는 브랜드 제품들의 모든 것이 '취향'과 '감성'에 반응한 소비 결정입니다.

기획자는 이처럼 브랜드와 제품을 감성적으로 연결해 소비자를 설득하는 사람들입니다. 그런데 왜 정작 기획서 안에서는 그 감성을 배제하려고 할까요? 많은 기획자들이 기획서 안에는 논리적인 정보만 담겨야 한다고 생각하기 때문입니다. 그래서 감성적인 내용을 넣는 걸 왠지 어색하게 느끼고 꺼려하게 되는 거죠.

"보고서는 포멀해야 하니까."

"감성은 영상 제작 단계에서 넣는 거지, 나는 기획만 하면 돼."

"작가나 운영사에서 알아서 감성적인 부분은 챙기겠지."

감성으로 설득하기

하지만 기획서는 단순히 정보만 나열하는 문서가 아닙니다. 기획서는 기획이 세상에 나오기 전, 가장 먼저 상대의 감성을 움직여 행동을 이끌어 내는 '설득의 무대'입니다. 그렇기 때문에 기획서 안에서도 감성을 과감하게 녹여내야 합니다.

　기획서가 재미없다면 콘텐츠도 행사도 결과물도 재미없을 가능성이 큽니다. 기획서부터 '솔깃'하지 않다면 어느 대표, 어느 임원이 그 기획에 끌릴 수 있을까요? 저도 그렇습니다. 딱딱한 내용만 나열된 기획서를 보면 슬며시 문서를 닫고, 발표를 듣더라도 어느 순간 핸드폰을 들여다보게 됩니다.

　그래서 우리는 기획서 안에서 기획서를 읽는 사람들을 끌어들이기 위해 논리와 감성 모두를 적절히 활용해 설득해야 합니다. 요즘 트렌드에 맞는 문장, 경험에서 나오는 스토리텔링, 비주얼 커뮤니케이션, 인문학적·심리학적 접근 … 이런 것들을 기획서 안에서 자유롭게 활용해야 합니다. 내가 표현하고자 하는 감성을 기획서 문장 안에서부터 설계해야 합니다.

　예를 들어 '우리 브랜드도 고만고만한 브랜드들과 점유율 싸움을 벌이는 것이 아니라, 더 큰 시장을 바라보고 업태 자체를 재정의해야 합니다.' 이런 전략을 강조하고 싶을 때, 기획서의 도입부에 이렇게 써보면 어떨까요?

'넷플릭스의 경쟁상대가 어디일까요?
디즈니+가 아닙니다. 수면시간입니다.'

(출처 : Netflix, 리드 헤이스팅스 CEO 2017 CES 발표 장면, 유튜브 캡쳐)

당연히 기획서 안에 시장 확대의 논리적 근거를 포함시켜야겠지만, 이런 한 문장이 들어가는 것만으로도 '우리 브랜드의 시야를 확장하자'라는 전략 메시지가 훨씬 묵직하고 감성적으로 다가옵니다.

공감으로 설득하기

제가 진행했던 한 프로젝트에서, 20대 타깃에게 '우리 브랜드는 청년들의 꿈을 응원한다'는 메시지를 전달해야 하는 미션이 있었습니다. 그런데 '꿈을 응원한다'는 좋은 말이지만, 너무 뻔하고 자칫 꼰대스러운 이야기처럼 들릴 수 있다고 판단했습니다.

저는 이 메시지를 무조건 '재미있고 공감 가는 방식'으로 전달해야 한다고 생각했고, 당시 인기를 끌고 있던 유튜브 코미디 상황극 채널 '너덜트'와의 협업 아이디어를 제안했습니다. 그런데 여기서 문제는 그 기획서를 컨펌할 임원진들이 '너덜트'를 모르고 있다는 겁니다. 그래서 기획서의 맨 앞 페이지에 '너덜트'의 가장 재미있는 장면을 편집해 영상으로 삽입해 기획서를 시작했습니다. 그중에서도 아내가 있는 '아저씨'들이 가장 공감할 만한 '당근거래' 장면을 골랐고, 그 아래에는 댓글을 캡처해 한 페이지 가득 정리했습니다. 이 영상이 그저 웃긴 콘텐츠가 아니라 사람들에게 어떤 영향을 미치는지를 보여주고 싶었던 거죠. 그 뒤에 '너덜트 채널 소개' '구독자 수' '평균 조회수' 등 정량적인 근거도 덧붙였습니다. 그 이후에 이들과 우리 브랜드가 무엇을 만들면 좋을지를 넣었죠.

기획서라고 해서 꼭 딱딱한 텍스트만 있어야 할까요? 지금까지의 틀을 깨고, 영상 하나 캡처 한 장 짧은 대화 하나도 '공감'을 불러일으킬 수 있다면 강력한 설득 포인트가 될 수 있습니다.

예를 들어 지금 〈팀장 교육 프로그램 홍보 전략 기획서〉를 쓴다고 해볼게요. 기획서에는 보통 이런 내용들이 들어갈 겁니다.

팀장 대상 교육 프로그램 기획서

- 세대 격차로 인한 소통 어려움
- 팀원의 성장을 돕는 리더십 방법 제안

그런데 단어 하나하나가 너무 무겁습니다. 대신 이런 공감할 만한 예시로 시작한다면 어떨까요? 신입사원 환영 회식을 하자는데, 새로 들어온 신입이 회식을 못 간다고 합니다.

신입사원 : 제 몫만큼 회식비는 따로 주시는 거죠?
팀장 : 회식비를 왜 줘?
신입사원 : 당연한 거 아니에요. 제가 회식을 안 가는데?

모든 팀장님들이 뒷목 잡고 쓰러질 만한 이야기죠. 그런데 실제로 있었던 상황입니다. 해당 내용에 대한 기획서를 써야 한다면 위의 사례를 풍자한 SNL 프로그램의 〈젠지 모의대응 훈련〉 영상을 레퍼런스로 보여준 뒤, "진짜 '젠지 세대 대응 훈련' 저희가 해드립니다"라고 기획서에 써보는 것이죠.

 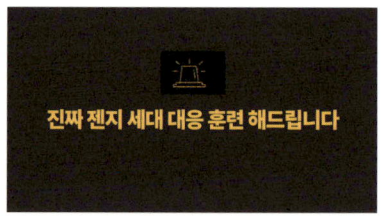

그 순간 Z세대와 원활한 소통이 필요한 팀장님들은 당장 달려가고 싶겠죠? 이 기획서를 컨펌하시는 분들도 이 교육이 궁금하실 겁니다. 이게

바로 기획서의 설득력입니다.

타당성을 극대화하여 설득하기

때로는 기획서가 너무 평범하게 보일 때 '이 기획을 해야 하는 이유'를 더 강하게 보여줘야 하는 순간이 있습니다.

예를 들어 '별별뷰티'라는 뷰티 패션 앱에 대한 디지털마케팅 기획서를 쓰고 있다고 해볼게요. 인스타그램에서 #별별뷰티를 검색했더니 도움이 되는 콘텐츠는 거의 없고, 브랜드와 무관한 질 낮은 이미지들만 잔뜩 보이는 상태라고 가정해 보겠습니다. 그래서 힙한 패션 플랫폼과 제휴해 브랜드 이미지가 잘 담긴 '인증샷 이벤트'를 기획하려고 합니다. 다른 브랜드보다 인스타그램 검색 이미지들을 힙하게 바꾸고 싶어 꼭 내가 기획한 이 프로그램을 실행하고 싶은 상황입니다. 그럼 어떻게 설득할 수 있을까요?

우선 이 프로젝트의 결과물이 무엇일지 생각해 보겠습니다. 물론 사람들의 많은 인증샷 사진이겠죠? 그럼 보통은 기획서의 '기대효과' 슬라이드에 이렇게 적을 겁니다.

기대효과
- 패션 플랫폼 제휴를 통해 SNS상에 긍정적인 브랜드 노출 확대

그런데 이런 문장은 너무 많이 봐서 와닿지 않습니다. 틀린 말은 아니지만, 묘하게 뻔한 말 같아 설득력이 떨어집니다. 이 경우 저라면 이 기획이 매력적이라는 것을 시각적으로 어필하기 위해 이렇게 작성해 볼 것 같습니다. 기획서 왼쪽에는 브랜드와 무관해 보이는 현재의 이미지를, 오른쪽에는 인증 이벤트를 한 후 '패션과 뷰티의 힙한 워너비 인증샷 이미지'로 가득 찬 모습을 대비해 시각적으로 보여주는 겁니다. 그리고 상단에 이런 문장이 써있다면 어떨까요?

"만약 인스타그램에서 #별별뷰티를 검색했을 때,
이런 '힙한 워너비' 이미지들로 채워질 수 있다면?"

우리가 생각하는 것처럼 기획서에 쓰이는 밋밋한 문장이 아닌, 결정

권자에게 매력적으로 보이는 '생생한 타당성'을 눈에 그려지듯 시각적으로 강조했습니다. 그럼 그들은 '어떻게 해야 저런 선망이 있는 이미지들로 바뀔 수 있을까?'라는 상상이 들면서 이 기획에 솔깃하게 되고, 제대로 들여다볼 겁니다. 이 기획의 '해야 할 이유'가 선명해지는 겁니다.

기획서는 사람의 마음을 움직여야 합니다. 그러기 위해 우리는 상대방을 공감하게 할지, 웃길지, 아님 감동하게 할지, 어떻게 마음을 움직이게 할지 한 번 더 생각해 봐야 합니다. 설득에 있어서 논리는 기본이고, 진짜 설득은 '마음'에서 일어납니다.

03

설득력을 높이는 스토리텔링

우리의 뇌는 스토리텔링을 좋아합니다. 스토리가 있을 때 비로소 뇌가 활짝 열리고 이야기를 받아들일 준비를 하죠. 그런데 스토리텔링은 배열의 문제, 즉 '순서'와 아주 깊은 관련이 있습니다.

영화를 볼 때, 저처럼 성격이 급한 사람은 결말이 궁금해 미리 줄거리를 찾아보면서 스포를 당하기도 합니다. 하지만 어떤 사람은 서사가 쌓이는 과정을 즐기며 자연스럽게 결말을 맞이하기도 합니다. 기획서도 마찬가지입니다. 문서의 순서가 기획서의 통과 여부를 결정할 정도로 매우 중요한 역할을 합니다. 순서에 따라 결정권자의 마음이 오고 가기도 하기 때문에, 기획서를 읽는 사람에 따라 배열과 순서를 달리해야 합니다. 즉, 듣는 사람이 누구인지에 따라 공략법이 달라져야 하는 겁니다. 우리는 그에 맞춰 스토리텔링을 해야 하고요.

이 경우 기획서의 순서를 구성할 때에는 다음의 두 가지만 기억하면 됩니다.

- 내가 이 기획서로 얻고 싶은 것은 무엇인가?
- 그들이 듣고 싶어 하는 말은 무엇인가?

내가 이 기획서로 얻고 싶은 것은 무엇인가?

먼저 내가 이 기획서를 통해 얻고자 하는 것을 명확히 해야 합니다. 기획서의 목적은 전략을 결정하고 예산을 받아와 실행해서 결과물을 내는 겁니다. 이때 다음과 같은 목적에 따라 기획서의 순서와 강조점이 완전히 달라야 합니다.

- 기획 자체의 컨펌이 필요한 경우
- 전략이 통과된 후, 구체적인 프로그램의 결정이 필요한 경우

그들이 듣고 싶어 하는 말은 무엇인가?

친구들과 캐주얼한 대화를 할 때도 우리는 자기가 듣고 싶은 이야기

에만 귀를 기울입니다. 하물며 회사에서는 오죽할까요? 자신과 관계 있는 이야기만 듣고 싶어 합니다. 자기에게 필요하고 이득이 되는 이야기만 귀에 들어오는 것은 인간의 본능입니다.

기획서도 마찬가지입니다. 상대방이 이 기획서를 통해 듣고 싶어 하는 말이 무엇인가를 생각해야 설득에 성공할 수 있습니다. 예를 들어 임원이나 최고경영자는 전체적인 비전과 시장에서의 포지셔닝을 알고 싶어 합니다. 반면 실무자는 세부 실행방안과 예산 등에 관심이 많겠죠. 따라서 기획서를 작성할 때는 듣는 사람의 입장에서 '이 정보가 그들에게 어떤 의미가 있을까?'를 반드시 고려해야 합니다.

설득력을 높이는 스토리텔링 사례

AI 기술을 보유한 한 브랜드가 월드컵 특수를 이용해 자사 브랜드를 알리고 싶다고 가정해 보겠습니다. 이 기획의 구조는 앞서 살펴본 '전략단'과 '실행단'에 맞춰 기획서를 구성해 보았습니다.

이벤트의 미션은 '월드컵 특수를 활용해 브랜드 붐업을 일으키는 것'입니다. 분석을 통해 타깃층이 AI와 레트로 게임을 좋아한다는 인사이트를 얻었습니다. 그래서 고객사의 AI 기술을 활용해 나만의 캐릭터를 만들고, 레트로 스타일의 축구 슈팅 게임 이벤트를 진행합니다. 참가자들이 캐릭터를 만들고 슛을 쏜 뒤 결과를 SNS에 공유하면 바이럴 효과

B 브랜드 월드컵 이슈 이벤트 기획서

전략단

Step 1 미션	월드컵 특수를 활용한 자사 브랜드 붐업 마케팅 필요
Step 2 분석과 인사이트	AI에 익숙한 MZ세대는 디지털 속 레트로 감성 콘텐츠에 높은 반응을 보임
Step 3 솔루션	레트로 스타일로 축구 슈팅 게임을 해볼까?

실행단

Step 4 프로그램	AI 캐릭터를 만들고 월드컵 골대에 슛을 쏘는 게임
Step 5 프로세스	1) 사이트에서 캐릭터 생성 2) 슛 게임 골인하면 이벤트 응모 3) 필수 해시태그 복사 4) SNS 내 캐릭터 공유
Step 6 예산	• 사이트 제작비 00원 • 이미지 제작비 00원 • 경품 00원
Step 7 예상 결과	• 바이럴성 참여 이벤트로 SNS 내 관심 증폭 • 서비스 프로모션 집중 노출 구매욕구 자극

PART 4. 기획의 완성, 설득력

를 얻고 브랜드 노출이 확대되는 구조입니다.

이 기획서의 구조는 전략단과 실행단이 순서대로 무리 없이 작성되었습니다. 그럼 이제부터 우리는 보고 대상에 따라 어떻게 스토리텔링이 달라져야 할지 알아보겠습니다.

1 ___ 임원·대표에게 보고하는 경우

임원이 가장 듣고 싶은 말은 무엇일까요? 바로 이 이벤트를 '왜 해야 하는가(Why)'입니다. 임원들은 20대 트렌드를 잘 모를 수 있으니, 20대들의 AI 이용 현황과 레트로 게임을 좋아하는 감성에 대해 충분히 공감할 수 있도록 근거 영상, 레퍼런스 등을 더 강조해 설득해야 합니다. 명확한 이유가 있어야 '한번 해보자'라는 결정을 내리기 때문이죠. 또한 '이걸 하면 어떤 결과가 나오는가?'도 궁금해할 겁니다. 그래서 실행단의 뒤에 있는 '예상 결과'를 앞부분에 가져와야 합니다. 순서를 바꾸는 거죠.

"본부장님, 실제로 타깃층은 AI 기술을 활용하는 데 익숙하고, 레트로 게임을 매우 선호합니다. 현재 AI를 활용한 마케팅 사례는 꽤 있지만, 자신만의 AI 캐릭터를 만들어 레트로 게임과 결합한 사례는 이번이 최초입니다. 경쟁사가 아직 시도하지 않은 AI 축구 캐릭터를 선점해 소비자들에게 재미를 선사하고, SNS 버즈 확산과 함께 우리 사이트 유입률을 전월 대비 150% 상승시킬 것으로 기대됩니다."

Why가 중요한 임원을 위한 기획서

Step 1 미션	월드컵 특수를 활용한 자사 브랜드 붐업 마케팅 필요
Step 2 **분석과 인사이트**	AI에 익숙한 MZ세대는 디지털 속 레트로 감성 콘텐츠에 높은 반응을 보임	← 탄탄히 강조
Step 3 솔루션	레트로 스타일로 축구 슈팅 게임을 해볼까?
Step 4 예상 결과	• 바이럴성 참여 이벤트로 SNS 내 관심 증폭 • 서비스 프로모션 집중 노출 구매욕구 자극	← 순서 이동
Step 5 프로그램	AI 캐릭터를 만들고 월드컵 골대에 슛을 쏘는 게임
Step 6 프로세스	1) 사이트에서 캐릭터 생성 2) 슛 게임 골인하면 이벤트 응모 3) 필수 해시태그 복사 4) SNS 내 캐릭터 공유
Step 7 예산	• 사이트 제작비　00원 • 이미지 제작비　00원 • 경품　　　　　00원

이렇게 강조해야 할 포인트와 임원들이 궁금해할 내용을 앞에서 먼저 이야기하면 이 기획안을 진행해야 할 이유가 더욱 명확해지고 설득력이 높아집니다. 반대로 임원들에게 너무 상세한 실행안이나 자잘한 경품 내용까지 길게 늘어놓으면 듣는 사람을 지루하게 만들고, 자칫 욕만 먹는 불상사가 생길 수도 있습니다. 임원 보고용 1차 컨펌 기획서에서는 실행단 프로그램의 너무 자잘한 상세내용은 축소하거나 제외하는 것이 좋습니다.

2 __ 실무 담당자에게 보고하는 경우

실무 담당자들은 이 이벤트가 어떻게 진행될지 상세 프로그램을 더 궁금해하기 때문에 실무진을 설득할 때는 프로그램, 프로세스, 일정, 예산 등 상세한 정보를 강조해야 합니다. 따라서 실무자 보고용 기획서에서는 프로그램과 프로세스를 명확히 기술해 빠르게 확정을 받아내는 것이 중요합니다.

3 __ 듣는 사람의 성격에 따라 달라지는 스토리텔링

같은 팀장이나 임원이라도 성격에 따라 접근법이 달라야 합니다. 어떤 분은 "다음, 다음, 다음 그래서 결론이 뭐야?"라며 처음부터 결론을 듣고 싶어 하고, 어떤 분은 논리를 탄탄히 듣고 나서 결론을 듣고 싶어 합니다. "그래서 뭐 할 건데?"라며 결론을 바로 듣고 싶어 하는 상사에게 처음부터 트렌드나 타깃, 자료에 대한 설명을 길게 늘어놓으면 오히려 짜증을 유발할 수 있습니다. 이럴 때는 처음부터 이렇게 말하면 좋습니다.

"해당 미션에 대해 결론부터 말씀드리겠습니다. 저희가 하고자 하는 것은 이것입니다."

또 비용에 민감한 분이라면 듣는 내내 비용이 오버될까봐 걱정만 하실 테니 기획서 맨 앞에서 비용 이슈를 먼저 언급해 불안을 해소시킨 후 상세내용을 진행하면 좋습니다.

"먼저 상세내용을 말씀드리기 전에 해당 프로그램의 비용 관련 내용부터 말씀드리겠습니다. 해당 프로그램은 올 상반기 예산으로 책정되어 있던 기존 프로모션 예산 ○○○원 내에서 진행할 수 있도록 내용을 꾸려 보았습니다. 항목별 예산은 전체 프로그램을 설명드린 후 뒤에서 다시 한번 자세히 말씀드리겠습니다."

지금까지 언급한 기획서 스토리텔링 방식이 너무 당연하다고 생각할 수 있습니다. 하지만 실제로는 많은 기획자들이 기획서의 틀과 순서에 갇혀 쉽게 변경할 생각을 하지 않으려 합니다.

어렵게 생각할 필요 없습니다. 기본적으로 필요한 내용을 모두 작성

결론부터 듣고자 하는 임원을 위한 기획서

Step 1 미션	월드컵 특수를 활용한 자사 브랜드 붐업 마케팅 필요
Step 2 솔루션	**레트로 스타일로 축구 슈팅 게임을 해볼까?** — 순서 이동
Step 3 분석과 인사이트	AI에 익숙한 MZ세대는 디지털 속 레트로 감성 콘텐츠에 높은 반응을 보임
Step 4 프로그램	AI 캐릭터를 만들고 월드컵 골대에 슛을 쏘는 게임
Step 5 프로세스	1) 사이트에서 캐릭터 생성 2) 슛 게임 골인하면 이벤트 응모 3) 필수 해시태그 복사 4) SNS 내 캐릭터 공유
Step 6 예산	• 사이트 제작비 00원 • 이미지 제작비 00원 • 경품 00원
Step 7 예상 결과	• 바이럴성 참여 이벤트로 SNS 내 관심 증폭 • 서비스 프로모션 집중 노출 구매욕구 자극

예산에 민감한 임원을 위한 기획서

Step 1 미션
월드컵 특수를 활용한
자사 브랜드 붐업 마케팅 필요

Step 2 예산
- 사이트 제작비 00원
- 이미지 제작비 00원
- 경품 00원

순서 이동

Step 3 분석과 인사이트
AI에 익숙한 MZ세대는 디지털 속
레트로 감성 콘텐츠에 높은 반응을 보임

Step 4 솔루션
레트로 스타일로 축구 슈팅 게임을 해볼까?

Step 5 프로그램
AI 캐릭터를 만들고
월드컵 골대에 슛을 쏘는 게임

Step 6 프로세스
1) 사이트에서 캐릭터 생성
2) 슛 게임 골인하면 이벤트 응모
3) 필수 해시태그 복사
4) SNS 내 캐릭터 공유

Step 7 예상 결과
- 바이럴성 참여 이벤트로 SNS 내 관심 증폭
- 서비스 프로모션 집중 노출 구매욕구 자극

한 후, 보고를 듣는 사람을 고려해 맥락에 맞게 순서를 변경하거나 필요 없는 내용은 과감히 삭제하고 추가하는 연습을 해보세요. 이렇게 하면 듣는 사람의 마음을 움직이는 더욱 맥락 있고 설득력 있는 스토리텔링을 만들 수 있습니다.

04
결정권자를
안심시키는 노하우

지금부터 소개할 이야기들은 제가 회사생활을 하면서 수많은 기획서를 작성하고 보고하며 얻은 노하우입니다. 앞서 계속 이야기했지만, 우리는 결국 '사람'과 일합니다. 그래서 결정권자의 특성과 심리를 미리 파악하고 대응하는 것이 내가 만든 기획서를 통과시키는 중요한 열쇠입니다.

기획서를 보고할 때 우리는 열심히 준비한 것이 물거품이 될까 봐 항상 불안합니다. 그런데 결정권자들 역시 불안하기는 마찬가지입니다. 그들도 모호한 상태인데, 기껏 시간을 줬더니 엉뚱한 소리를 할까 봐 불안한 겁니다.

그래서 우리는 기획서를 작성할 때부터 불안요소를 하나씩 제거하는 스킬이 필요합니다. 단어 하나 표현 하나에도 결정권자를 안심시킬 수 있는 키워드를 넣어야 하는데, 그러기 위해서는 결정권자들이 무엇에 불안을 느끼고, 무엇에 안도감을 갖는지 정확히 이해해야 합니다.

결정권자의 특징 ① _ 미션이 제대로 반영되었는지 불안하다
→ 미션을 가장 먼저 짚어주기

우리가 기획서를 작성할 때는 항상 미션을 가지고 있습니다. 상황을 파악하고 문제를 해결하거나 브랜드 이미지를 개선하는 등 분명 결정권자가 원하는 바가 존재합니다. 그래서 우리는 가장 먼저 그들의 '미션'을 기획서에 언급해 주어야 합니다. 결정권자는 자신이 준 미션이 제대로 반영됐는지 계속 의심하고 불안해하기 때문입니다. 만약 우리가 '미션을 요청받고 작성한 기획서이니 윗분들이 당연히 알겠지?'라며 미션을 명확히 언급하지 않고 바로 본론으로 넘어가면 결정권자의 불안감은 점점 커집니다.

예를 들어 결정권자가 '고급스러운 브랜드의 느낌과 어울리는 메시지와 영상이 연계된 TV 광고'를 요청했다면, 본격적으로 논리를 펼치기 전 기획서의 가장 앞단에서 이 요청을 정확히 짚고 넘어가야 합니다.

\<요청사항\>

- 고급스러운 메시지와 영상이 연계된 TV 광고 아이디어였으면 좋겠다.
- 브랜드의 선망성을 높이는 기획이었으면 좋겠다.

그럼 '나는 고객사가 준 미션을 잊지 않고 기획서 안에 잘 반영했습니다'라는 메시지를 슬라이드에 보여주면서 시작하는 것이 좋습니다.

미션
- 브랜드에 고급성을 부여하여 온·오프라인 BIG BUZZ 메이킹
- IMC 마케팅의 톤앤매너는 메시지 & 영상이 연계된 TV 광고

이렇게 하면 결정권자는 '아, 내가 요청한 내용이 잘 반영됐구나!'라고 안심하게 됩니다. 기획서에서는 '당연히 아시겠지?'라는 마음가짐이 통하지 않습니다.

결정권자의 특징 ②_부정적인 단어에 매우 민감하다
→ 모든 단어를 긍정적으로 바꾸기

기획서나 보고서에 절대 쓰지 말아야 하는 단어가 있습니다. 바로 '매출 하락'이나 '매출 감소'입니다. 이런 단어를 써야 할 때는 '역성장'이라는 단어를 사용합니다. 실제로 매출이 감소했다고 해도 부정적인 느낌

이 강한 '감소'나 '하락', '실패' 대신 긍정적 이미지가 있는 '성장'이란 단어를 활용해 '역성장'이라는 이름을 붙이는 겁니다.

이렇게 하는 이유는 사람들은 듣는 단어에 따라 이미지를 떠올리기 때문입니다. "목표 달성에 실패할 확률이 15%"라고 말하면 실패가 떠오르지만 "성공 확률이 85%"라고 말하면 우리 뇌는 성공을 떠올리게 되고, 모든 생각을 성공 쪽으로 맞추려고 합니다.

그래서 기획서에서는 긁어 부스럼이 될 수 있는 부정적인 단어나 문장들은 모두 제거해야 합니다. 사소한 부정적인 표현 하나로 전체 분위기가 망가질 수 있기 때문입니다. 설마 그렇게 되겠느냐고요? 아닙니다. 이미 기획서를 읽는 결정권자들에게는 그 단어의 부정적 이미지가 크게 꽂혀 버렸을 수도 있습니다.

결정권자의 특징 ③_최근에 꽂혀 있는 키워드가 있다
→ 결정권자의 '필수 키워드' 집중 공략

기획서를 작성할 때에는 '미션'이나 '목표'를 정확히 넣는 것만큼 중요한 것이 있습니다. 결정권자가 최근 꽂혀 있는 '필수 키워드'를 넣어 집중공략해야 합니다.

기획서는 방향성이 생명입니다. 처음부터 결정권자가 좋아하는 단어를 쓰지 않으면 그 순간부터 기획서를 보는 눈이 부정적으로 바뀌고, 이

후에는 아무리 멋진 내용도 귀에 안 들어옵니다. 그래서 비슷한 내용의 단어라도 결정권자가 선호하는 단어를 집중공략해야 합니다. 예를 들어 볼게요.

- 소비자 관심 증대
- 소비자 긍정적 이미지 형성
- 브랜드 긍정 인지도 향상
- 브랜드 긍정 선호도 증가
- 소비자 호감도 확대

호감도, 선호도, 인지도, 관심 등 위의 단어들을 보면 다들 비슷해 보이죠? 그런데 만약 결정권자가 '브랜드의 긍정 선호도'라는 키워드에 꽂혀 있다면 비슷한 뜻이라 해도 다른 단어는 들리지 않을 겁니다. 이 경우에는 '브랜드의 긍정 선호도'라는 문장을 곳곳에 배치해야 '이 기획서가 제대로 가고 있구나!'라고 안심합니다.

이처럼 같은 내용을 말하더라도 어떤 단어를 선택하느냐에 따라 기획서의 운명이 달라질 수 있습니다. 같은 의미임에도 그 필수단어가 있고 없고에 따라 내 기획서가 쉽게 통과될지 아닐지가 걸려 있기도 합니다. 결국 '내'가 쓰는 기획서라도 '결정권자'의 언어로 이야기해야 쉽게 풀릴 수 있습니다.

결정권자의 특징 ④ _ 성과가 중요하다
→ 구체적이고 확신에 찬 표현 사용하기

회사에서는 결국 성과가 중요합니다. 결정권자는 '이 기획으로 내가 어떤 성과를 낼 수 있을까?'를 가장 먼저 생각합니다. 그래서 기획서에서 가장 중요한 부분은 바로 결과에 대한 명확한 제시입니다. 결과를 제시할 때는 애매한 표현을 피하고 구체적이고 확신에 찬 언어를 사용하는 것이 필수입니다.

예를 들어 데이터가 있다면 두루뭉술한 표현보다는 다음과 같이 구체적인 기대효과를 제시하는 것이 좋습니다.

> 기대효과 :
> 팝업스토어를 통해 소비자 인지도 확대 및 매출 증가 기대
>
>
>
> 구체적인 기대효과 :
> - 팝업스토어 2주간 하루 평균 500명 이상 신규 고객 유입
> - 기간 내 SNS 게시물 2,000건 발생 예상
> - 총 5,000명의 신규 고객 유입과 매출 125% 증가 기대

특히 매출액 등 숫자가 들어간 목표는 단순히 '매출이 늘어날 겁니다'라고 하는 것보다 '정확히 얼마나' '어떤 방식으로 늘어날지' 수치로 딱딱

찍어서 보여주면 훨씬 믿음이 갑니다. 이렇게 하면 읽는 사람도 '오, 이거 진짜 제대로 준비했네'라고 느낄 겁니다. 또한 리스크에 대한 부분은 이렇게 표현할 수 있습니다.

> 기존 문장 :
> 팝업스토어 운영에는 <u>리스크가 있을 수 있지만,</u> 그만큼 성과를 기대할 수 있습니다.
>
> ↓
>
> 수정된 문장 :
> 이번 팝업스토어는 <u>리스크를 철저하게 관리하면서도,</u> 성과를 극대화할 수 있습니다.

이렇게 하면 '리스크가 있다'는 걱정을 주기보다 '리스크 관리를 하면서 성과를 극대화하겠다'고 하니 안심할 수 있습니다. 리스크가 있더라도 우리가 그것을 컨트롤할 수 있다는 믿음을 줄 수 있으니까요.

결정권자의 특징 ⑤ _ 기존 믿음에 대한 신뢰가 강하다
→ 기존의 것을 존중하는 표현 사용

사람들은 자신이 믿고 있는 것을 더욱 신뢰하는 '확증편향'이라는 심리적 성향이 있습니다. 대니얼 카너먼의 《생각에 관한 생각》에 따르면

'사람들이 기존의 신념을 뒷받침하는 생각은 쉽게 받아들이고, 그 신념을 반박하는 생각은 더 까다롭게 분석하는 경향이 있다'고 합니다. 특히 회사에서 성공 경험을 거듭하며 결정권자가 되신 분들은 본인의 성과와 신념에 신뢰가 더 클 수밖에 없습니다.

그런데 마케팅 기획을 하다 보면 기존 방법에서 완전히 새로운 것을 기획하거나 기존의 전략을 바꿔야 할 때가 있습니다. 이때는 기존 방식을 부정하는 것보다 기존 성과를 강조하는 표현을 써서 새로운 제안을 연결하는 표현을 쓰는 것이 안전합니다.

> 기존 방식 부정:
> 지금까지 한계에 다다른 광고전략, 새로운 접근방식이 필요
>
>
>
> 기존 방식 존중:
> 지금까지의 광고전략은 성공적이었고, 이번 기획은 그 성공을 새롭게 확장하는 데 중점

이렇게 기존 성과를 강조하면서 새로운 아이디어를 설득력 있게 전달할 수 있습니다.

결정권자의 특징 ⑥ _ 보고 피로를 겪고 있다
→ 오늘 내용의 '좌표' 찍어주기

팀장님이나 임원들은 하루에도 수많은 보고를 받습니다. 때문에 '보고 피로'가 매우 큽니다. 워낙 많은 보고를 받다 보니 '이 보고가 무슨 보고지?' '이건 도대체 언제 끝나지?'라는 생각에 중요한 내용이 귀에 잘 안 들어옵니다. 그래서 보고가 시작될 때 명확한 '좌표'를 찍어주면 심리적 안도감을 느낍니다.

> "오늘은 A안, B안, C안에 대해 말씀드리고,
> 총 소요시간은 약 15분입니다."

특히 첫 보고가 아니라 두세 번째 보고라면 이전에 받은 피드백을 먼저 보여주면 더욱 좋습니다. 첫 페이지에 '지난번 보고 드린 내용에 대한 피드백은 이것 이것이었습니다'라고 먼저 리스트업을 보여주고 시작하면 결정권자는 '내가 준 피드백을 꼼꼼히 챙겼구나!'라고 안심하며 기획서에 집중하게 됩니다. 이렇게 이전 피드백을 첫 장에 리마인드해 주는 것이 바로 보고에서의 '리콜 효과'입니다. '오늘 이 기획서에는 당신의 피드백을 잊지 않고 챙겨왔으니 안심하세요'라고 미리 알려주는 겁니다.

05

호감을 얻는
인트로의 기술

비즈니스 미팅, 특히 기획안을 발표하려 할 때 회의실에 흐르는 묵직하고 차가운 공기, 다들 경험하신 적 있지요? 내부 임원 보고든, 외부 클라이언트 미팅이든 서로 비즈니스 매너는 지키고 있지만, 동시에 살벌한 긴장감이 흐르기 마련입니다.

  보고를 듣는 분들은 내 기획안에 예산을 쓸지 말지를 결정하는 사람들입니다. 우리의 부모님이 아니다 보니 따뜻하고 너그러운 시선으로 보지 않습니다. 이분들은 판단을 내리는 것이 주된 업무이기 때문에, 우리의 기획안을 도끼눈으로 바라보며 비용을 쓸 가치가 있는지 냉정하게 따져보고 있습니다. 그래서 기획서의 첫 시작, 인트로는 눈길을 끌 수 있도록 전략적으로 접근해야 합니다.

주변에는 '밑밥을 잘 깔아서' 원하는 결론으로 자연스럽게 이끌어 내는, 빌드업에 타고난 사람들이 있습니다. 기획서 발표도 마찬가지입니다. 우리는 이 무겁고 차가운 회의실 분위기를 흥미와 관심으로 전환시킬 수 있는 기술이 필요합니다. 보고서를 빨리 요약 전달하는 페이퍼 보고와 달리, 나의 생각과 아이디어로 예산을 얻어야 하는 기획서 PT에서는 빌드업이 매우 중요합니다. 처음부터 냉담하게 바라보는 사람들에게 무턱대고 "이거 합시다"라고 외친다면 돌아오는 대답은 "내가 왜 해야 해!"뿐일 겁니다.

그렇다면 기획서의 호감을 높이는 인트로는 어떻게 구성하면 좋을까요?

궁금증으로 시작하기

말하기 기술 중 효과적인 방법이 바로 '궁금증을 유발'하는 겁니다. 기획서에도 동일하게 적용할 수 있습니다. 처음부터 핵심을 다 말해버리면 그다음 내용이 궁금하지 않듯, 궁금증을 유발해야 청중의 몰입을 이끌어 낼 수 있습니다.

기획서 첫 장에 이런 한 문장을 띄워 놓습니다.

"나이키의 경쟁상대는 아디다스가 아니라 닌텐도였습니다."

그러면 듣는 사람들은 '도대체 무슨 이야기를 하려고 이런 말을 하지?'

라며 집중하게 됩니다. 또 다른 예시로,

"단 6초"

무엇이 6초일까요? 궁금증이 생길 때쯤 이렇게 설명합니다.

"요즘 대한민국 소비자들이 콘텐츠에 집중하는 시간입니다."

처음부터 "요즘 소비자들은 집중력이 떨어졌습니다"라고 말하는 것보다 훨씬 효과적이고 흥미로운 접근입니다.

이렇게 궁금증을 불러일으키는 인트로는 몰입을 높이는 좋은 방법입니다.

질문으로 시작하기

질문을 통해 청중의 관심과 몰입을 유도하는 것도 뇌 과학적으로 증명된 사실이지요. 질문을 던지는 순간 발표자인 내가 주도권을 가지게 됩니다. 사람들은 질문을 받으면 무의식적으로 답을 찾으려고 뇌가 작동하기 때문입니다. 이 과정에서 자연스럽게 기획 내용에 대한 관심도가 올라갑니다.

"우리는 하루에 스마트폰을 몇 번이나 확인할까요?"

이 정도로 간단하면서도 답을 들으면 의외인 명확한 질문이 가장 효과적입니다.

공감으로 시작하기

공감은 상대방의 마음을 이완시키고 경계심을 허물어 줍니다. 내 기획안을 듣는 사람이 우리 회사의 부장님이든 고객사의 임원이든 그들도 결국 사람입니다. 공감을 통해 처음의 긴장을 호감으로 바꾸는 전략은 기획서의 고수들이 자주 쓰는 기술입니다.

회의 시작부터 '얼마나 잘하나 보자!'라며 냉담하게 쳐다보던 그분들도 딱딱한 기획서에서 공감을 얻는 순간 긴장이 풀리고 미소를 짓는 모습을 많이 봤습니다. 만약 기획서 인트로에 쓴 공감 상황이 마침 회의에 참석한 임원의 딸이 평소에 자주 쓰던 이모티콘이나 유행하는 밈이라면 이미 그 회의 분위기는 화기애애해져 있을 겁니다.

"어, 이거 내 얘기네?"

"이거 내가 유튜브에서 봤던 건데?"

"진짜 그렇겠네, 하하!"

여기서 공감은 단순히 웃기는 아이스브레이킹이 아니라 기획의 핵심 내용과 관련된 사회적 공감 상황을 다룬 짤, 밈, 프로그램 장면, 짧은 글귀 등을 의미합니다. 이렇게 하면 기획의 논리적 근거가 +30점 더해지고, 설사 뒤에 나오는 내용이 조금 부족하더라도 이미 플러스 점수를 받고 시작할 수 있습니다.

예를 들어 퇴사율이나 직장인 스트레스를 다루는 마케팅 기획이라면 직장인들이 열광하는 '퇴사 짤'이나 '직장생활 공감 콘텐츠'를 인트로로 시작하고, 자연스럽게 기획내용으로 넘어가면 더 큰 공감을 얻을 수 있습니다.

새로운 지식으로 끝까지 붙잡아 놓기

어느 날 〈유퀴즈〉라는 프로그램에서 미국 예일대 정신과 교수님이 출연해 "미국에는 일반 응급실과 별개로 정신과 응급실이 있고, 자살 충동시 이 응급실을 방문하면 골든타임을 지켜 생명을 구할 수 있다"는 이야기를 하더라고요. '이제 자야지' 하며 TV를 끄려다 내용에 흥미가 생겨 끝까지 보게 되었습니다.

이렇게 결정권자들이 몰랐던 새로운 정보나 지식으로 흥미를 끌고 관심을 유지시키는 것도 좋은 방법입니다. 사람은 새로운 지식을 얻으면 '성취감' 같은 감정을 느끼게 되고, 이는 곧 긍정적인 관심으로 이어지기 때문입니다.

심리적 반발심으로 흥미 끌기

"지금 이 광고를 보지 마세요!"

이런 문구를 보면 오히려 눈길이 더 가지 않나요? 정보를 의도적으로 감추거나 반대로 말하는 것도 사람들의 호기심을 자극하는 방법입니다. 사람들은 '하지 말라면 더 하고 싶어지는' 심리적 반발심을 가지고 있습니다. 이를 '심리적 반발기법'이라고 하죠. 금지되거나 제한된 것이 있을 때, 오히려 더 큰 호기심을 느끼게 하는 심리를 교묘하게 이용하는 방법입니다.

유명한 사례가 '스트라이샌드 효과'입니다. 미국의 가수 겸 배우인 바브라 스트라이샌드가 자기 집 사진이 인터넷에 퍼지는 것을 막기 위해 소송을 걸었는데, 오히려 이 사건이 언론의 주목을 받아 사진이 더 널리 퍼져버린 것이죠. 원래 아무도 주목하지 않던 사진이었지만, 그녀가 이를 금지하려 하는 바람에 대중의 호기심을 폭발시킨 셈이죠. 이처럼 금지하거나 하지 말라고 제한할 때 사람들은 오히려 더 큰 관심을 가지게 됩니다.

기획서 발표도 마찬가지입니다. 반대되는 내용으로 호기심을 자극하는 것이죠.

"사실, 오늘 발표는 여러분이 기대한 것과 완전히 다를 겁니다."

이렇게 예상과 반대되는 내용을 제시하면 사람들은 자연스럽게 '그럼 뭐지?'라며 집중하게 됩니다.

이런 방식은 단순한 정보 나열이 아닌 심리를 공략하는 기술입니다. 청중의 기대와 반대되는 표현으로 그들의 호기심과 흥미를 이끌어 낼 수 있는 강력한 전략입니다.

06
강력한
컨셉의 법칙

우리가 강의 같은 걸 듣고 나면 얼마나 기억할까요? 우리의 의지와 달리 뇌는 많은 정보를 기억하고 싶어 하지 않습니다. 대부분의 것들을 걸러내고, 결국 기억나는 것은 인상 깊었던 키워드 하나 정도일 때가 많습니다.

마케팅에서 가장 강력한 포장지, '컨셉'

모든 기획서에서 '컨셉'이 필수는 아니겠지만, 마케팅 기획서에서는 '컨셉'이 매우 중요하게 다루어집니다. 클라이언트에게 가장 강렬한 하나의 기억을 남겨 주는 것이 설득의 관건이고, 그것이 바로 '컨셉'이기

==때문입니다.==

기획안에 대한 중간보고를 할 때마다 마음이 급한 우리 팀장님은 늘 이렇게 묻곤 했어요.

"음, 다음 다음, 그래서 컨셉이 뭔데?"

이처럼 마케팅 기획에서는 컨셉 키워드 하나만 잘 잡아도 기획서의 80%가 이미 완성된 것과 다름없습니다. 제대로 된 컨셉은 구구절절 설명하지 않아도 머릿속에 명확한 그림을 그려주기 때문이죠.

쿠팡은 '빠른 배달'이라는 명확한 컨셉으로 소비자들의 기억 속에 '로켓배송'이라는 키워드를 심었습니다. 이것이 바로 '집중의 법칙'입니다. 모든 브랜드가 명확한 키워드를 만들어 선점하려고 경쟁하는 이유도 바로 이 때문입니다.

제가 속한 팀에서도 컨셉 키워드 하나를 적재적소에 영리하고 재미있게 활용했던 사례가 있습니다. 10대를 대상으로 마케팅을 하려고 하는데, 일단 컨셉 없이 프로그램을 기획해 본다고 해볼게요.

"저희가 10대 젠지 세대를 대상으로 인기 아이돌 가수를 섭외해 재미있는 영상도 만들 예정이고요, 개성 있는 10대들을 섭외해 광고모델로 화보 촬영도 하고, 오프라인 광고도 할 예정입니다. 재미있는 이모티콘도 제작해 10대들이 카톡에서 활용할 수 있도록 준비하고 있습니다."

이렇게 설명하면 어떤가요? 프로그램 자체가 평범하고 밋밋하게 느껴집니다. 그런데 여기에 '남들에게 흔들리지 않는 줏대 있는 10대'라는 컨셉을 입혀볼게요. '줏대 있는 10대'라는 키워드를 설정하는 순간, '난 네가 줏대 있게 인생을 살았으면 좋겠어'라는 '줏대좌 밈'으로 유명한 스트레이키즈 창빈이 떠오르고, 이를 중심으로 '줏대 영상을 제작한다'는 구체적인 그림이 그려집니다. 또 자기만의 줏대 있는 스타일을 가진 실제 10대들을 모델로 섭외해 오프라인 광고까지 진행하면 훨씬 재미있고 매력적인 마케팅이 됩니다.

이렇게 컨셉 하나가 확실하게 잡히면 마케팅 방향이 명확해지고 모델 섭외부터 오프라인 활동까지 모든 과정이 일사천리로 진행됩니다. 그렇기 때문에 마케팅 기획서를 작성할 때 컨셉을 잡기 위해 많은 공을 들이게 됩니다. 좋은 컨셉이 나오면 기획서도 쉽게 풀려나가기 때문이죠.

컨셉 연습하기

사실 컨셉을 잡는 일은 10년 차 20년 차가 되어도 여전히 어려운 일입니다. '컨셉' 워딩 하나를 결정하기 위해 광고회사 신입부터 고객사 부장님까지 수십 명이 모여 수없이 많은 회의를 합니다.

다른 브랜드에서 멋진 컨셉을 만들어 낸 것을 보면 질투가 나기도 합니다. 그 브랜드와 직접 경쟁한 적은 없지만, 혼자서 '아, 또 졌네!'라며 중얼거릴 만큼 컨셉은 욕심나고 어려운 영역입니다.

컨셉은 '설득'이라는 측면에서 결을 같이 합니다. 우리가 '전달하고자 하는 말'과 소비자가 '듣고 싶어 하는 말' 사이 어딘가에서 멋진 워딩 하나가 탄생하기 때문입니다. 그 하나의 워딩이 우리가 만들고 싶은 프로그램에 완벽한 그림을 그려주는 '뚜껑' 역할을 합니다.

최근 유튜브 채널을 운영하는 한 PD님의 인터뷰를 본 적이 있습니다. '공부왕찐천재 홍진경' 채널에서 '공부'라는 컨셉을 잡게 된 배경에 대한 내용이었는데요. 처음에는 이것저것 모두 잘하는 홍진경의 라이프스타일을 담고 싶었지만, 홍진경 본인이 무조건 '공부'로 가자고 했다고 합니다. 예전에 〈무한도전〉의 '바보 전쟁' 편에서 바보 이미지를 얻었던 것을 비틀어 '공부'라는 역설적 컨셉을 만들어 낸 것이죠. 이처럼 우리가 하고 싶은 말(홍진경의 다양한 매력)과 소비자가 생각하는 말(바보 이미지)을 오히려 비틀어 '공부왕'이라는 독특하고 새로운 채널 컨셉을 창출한 겁니다.

컨셉을 잘 잡는 방법

최근 저는 '어휘력'에 대한 고민을 많이 합니다. 마케팅 기획자로서 트렌드나 마케팅 지식뿐만 아니라, 단어를 잘 다루는 능력을 키워야 한다고 생각하기 때문입니다. 기획자로서 어휘력를 키운다는 것은 단순히 많은 단어를 아는 것이 아니라, 세상을 바라보는 시각을 넓히고 소비자가 듣고 싶어 하는 말을 정확히 표현할 줄 아는 능력을 키우는 것이죠.

몇 년 전에 베스트셀러가 되었던 《역행자》라는 자기계발서가 있습니다. 책의 핵심내용은 '고정관념을 깨고 책을 읽고 글을 쓰고 행동하라'는 익숙한 내용입니다. 그런데 저자는 이 책의 컨셉을 '인생 공략집'이라고 잡았습니다. 원래 게임을 정복하는 데 쓰이는 '공략집'이라는 단어를 인생과 연결해 낯설고도 신선한 조합을 만들어 낸 것이죠. 이 컨셉은 독자로 하여금 '이 책을 읽으면 공략집을 통해 게임을 정복하듯 내 인생도 정복할 수 있겠구나'라는 기대감과 궁금증을 불러일으킵니다.

세상을 바라보는 시각을 키우고, 평소에 무심코 지나쳤던 단어 하나하나를 허투루 넘기지 않는 태도, 그리고 단어들의 낯선 조합을 연습하는 습관이 중요합니다. 그런 노력들이 결국 멋진 컨셉을 만들어 내고, 기획자로서의 삶을 더욱 풍요롭게 만들어 줄 것입니다.

"단순한 하나의 단어나 개념에 초점을 모으면
사람들의 마음속에 깊은 인상을 남길 수 있다."
─《마케팅 불변의 법칙》 알 리스, 잭 트라우트

PART 5

" 기획력을 높이는 **특별한 필살기**

INTRO

 지금부터는 제가 다른 일을 하다 덜컥 광고기획사에 입사한 후, 기획자로 살아남기 위해 노력했던 방법들을 소개해 드리려고 합니다.

 제가 시도했던 방법에는 회사 동기들이 이미 알고 있는 공통된 노하우도 있고, 저 혼자 몰래 연습했던 것들도 있습니다. 사실 기획이란 것이 사람마다 다르게 평가하는 영역이기 때문에 절대적인 정답은 없지만, 초반에 말씀드린 것처럼 약간의 '지름길'은 존재합니다. 저는 그 지름길이 바로 '혼자만의 연습법'이라고 생각합니다. 모든 고수들도 혼자만의 훈련시간을 거쳐왔듯이, 우리도 기획이라는 주제에 대해 나만의 시간을 들여 깊숙하게 뜯어보는 노력이 반드시 필요합니다.

 이 책은 단순히 이론만 배우고 끝나는 책이 아니라, 기획자로서 실제로 성장할 수 있도록 돕는 것이 진짜 목표입니다. 지금부터 소개할 내용들은 제가 실무에서 직접 사용했던 다양한 실무 노하우입니다. 여러분의 기획 인생에 작게나마 성장을 위한 디딤돌이 되기를 바랍니다.

01

기획서
필사

　　　　　기획자가 된 후 가장 힘들었던 순간은 기획서를 보는 눈은 높아졌는데, 나 스스로는 도저히 그렇게 쓰지 못할 때였습니다. 광고 기획서를 단 한 번도 써본 적 없던 저에게 처음 주어졌던 과제는 국내 탑 대기업의 연간 SNS 마케팅 전략을 기획하는 일이었어요. 예산만 해도 수십 억 정도 되는 프로젝트였습니다.

　어떤 순서와 흐름으로 기획서를 써야 하는지, 제안하고 싶은 내용을 어떻게 PPT에 표현해야 하는지 몰라 단 한 장의 슬라이드도 채울 수 없었어요. 당시 제가 할 수 있는 것이라곤 선배들이 작성했던 SNS 전략안을 비슷하게 흉내 내 보는 것뿐이었습니다. 그러다 보니 매일매일 야근의 연속이었죠.

그 후 몇 개월이 지났지만 기획서 작성 능력은 크게 달라지지 않았습니다. 이대로 가다가는 어렵게 입사한 회사에서 견디지 못하고 퇴사해야 할지도 모른다는 불안감마저 들었습니다.

'이 사람은 어떻게 이런 생각을 했을까?'

'이 사람은 어떻게 이렇게 자연스럽게 잘 쓰지?'

'이 사람의 PPT는 왜 이렇게 잘 읽히지?'

선배들의 기획서를 열 번이고 스무 번이고 읽어봐도 감탄과 자괴감만 반복될 뿐 '내 것'으로 만들 수 없었습니다. 그러다 문득 이런 생각이 들더라고요.

'이대로는 안 된다. 지금 내 옆에 앉아 있는 사람들과의 실력 차이를 인정하고, 이 격차를 따라잡기 위한 나만의 방법을 찾자.'

'괜찮은 기획자가 되기 위해서는 피할 수 없는 성장통을 견뎌야 한다. 이를 위해서는 나만의 연습시간이 필요하다.'

그렇게 제가 선택한 비법이 바로 '기획서 필사'였습니다.

기획서를 필사하는 방법

유명한 작가들도 다른 거장들의 소설을 필사하는 경우가 많다고 합니다. 그들의 문체를 닮기 위해서, 생각의 흐름을 배우기 위해서, 단어 선택을 익히기 위해서지요.

제가 잠깐 보컬 수업을 들었을 때 선생님께서 비슷한 말씀을 하셨어요. 실용음악과에서는 학생들에게 자기만의 스타일이 생기기 전까지 기존 가수들의 창법, 호흡, 목소리, 스타일까지 똑같이 '커버'하도록 가르친다고 합니다. 여러 가수들의 다양한 창법과 호흡, 발성을 다 익히고 나서야 자신만의 스타일을 만들 수 있다는 거죠.

저는 글과 노래뿐만 아니라 기획서도 마찬가지라고 생각했습니다. 사실 회사에서 누가 나를 앉혀놓고 '기획서는 이렇게 쓰는 거야'라고 가르쳐주지 않습니다. 맡겨 놓으면 혼자 끙끙대며 작성해야 하는 것이 현실입니다. 그래서 저는 제가 스스로 할 수 있는 일을 해야 했어요.

'유명 작가들도 글을 필사한다는데, 기획서도 글로 되어 있으니 따라 쓸 수 있지 않을까?'

그때부터 회사에서 틈틈이 시간이 날 때면 선배들의 기획서를 그대로 따라 쓰기 시작했습니다. 처음에는 부끄러워서 몰래 타이핑을 했죠. 그때의 방법을 소개하면 이렇습니다.

일단 한쪽에는 선배들의 기획서를 띄워 놓고, 오른쪽에는 메모장을 열어 놓습니다. 그리고 기획서의 모든 문장을 순서대로 메모장에 타이핑하는 겁니다.

이때 PPT 1장에 담긴 텍스트는 메모장의 한 문단이 되도록 구성합니다. '상단의 타이틀 → 상단 문장 → 설득을 위한 근거 문장 → 결론 문장'의 순서로요. 50장짜리 PPT라면 메모장에는 50개의 텍스트 문단이 완

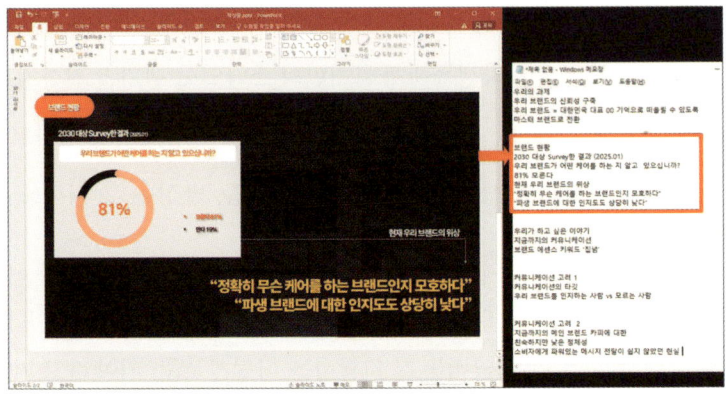

성되는 방식입니다. 앞서 소개한 텍스트 기획서의 형태가 되지요.

  기획서를 눈으로 휘리릭 읽는 시간보다 필사하는 데는 3~4배의 시간이 듭니다. 그리고 모든 내용을 직접 타이핑하다 보니 절대 흘려 읽을 수 없었어요. '적지 않은 글은 휘발된다'라는 말이 있듯이 좋은 기획서의 내용과 문장을 내 손끝으로 잡아두게 되는 겁니다.

  한 글자 한 글자 따라 쓰면서 처음에는 그냥 넘겼던 문장과 내용들이 어떤 흐름과 맥락 안에서 그 자리에 위치하고 있는지 알게 되었습니다. 그리고 내가 쓰고자 하는 생각의 페이지를 어떻게 나누어야 하는지, 한 페이지에 어느 정도의 내용을 넣어야 하는지도 알게 되었습니다. 이것이 바로 '페이지네이션' 능력이었죠. 그제서야 저는 기획서에 대한 '감'을 잡기 시작했습니다.

  꾸준히 필사를 하다 보니 자신감도 조금씩 붙었고, 언젠가부터는 필사를 하지 않아도 저 스스로 맥락을 잡고 기획서를 채워 나갈 수 있는 힘이 생겼습니다. 그렇게 초보 딱지를 뗀 후 자연스럽게 필사를 멈추었습니다.

그러다 최근 글로벌 캠페인을 담당하게 되었습니다. 한글 기획서만 10년 넘게 쓰다가 영문 기획서를 작성하려니 쉽지 않았습니다. 영문 기획서를 읽고 또 읽어도 이해는 되는데 막상 작성하려니 페이지가 넘어가지 않더라고요. 영문 기획서의 문장에 대한 감을 전혀 몰랐던 거죠.

결국 저는 주니어 시절로 돌아가 다시 영문 기획서를 필사하기 시작했습니다. 선배들이 작성했던 영문 기획서를 붙들고 분해하고, 타이틀을 적고, 인트로를 적고, 프로그램을 적고, 결론을 타이핑했습니다.

그렇게 며칠간의 필사를 마친 후 실무에 투입되어 기획서를 쓰기 시작했을 때 신기하게도 버벅거리며 헤매는 시간이 확 줄었습니다. 다시 한번 '기획서 필사'가 힘을 발휘한 겁니다.

주니어 기획자로서 무엇을 어떻게 써야 할지 막막하다면, 나도 선배들처럼 좋은 기획서를 쓰고 싶다면 일단 좋은 기획서를 내 손으로 따라 쓰면서 꼭꼭 씹어 먹는 시간을 투자해 보세요. 이렇게 기획서의 기초 기술을 직접 체득해 보는 것이야말로 무작정 혼자 시작하는 것보다 훨씬 더 빠르고 확실한 지름길이 될 겁니다.

02
기획서,
역으로 유추해 보기

'이 광고는 기획서 안에 'ㅇㅇㅇ' 단어를 써서 설득했겠구나.'
'요즘 소비자들이 이런 성향이라 이 메시지가 나왔나 보네?'

TV나 유튜브 광고를 보다 보면 가끔 광고 뒤에 숨겨진 기획서의 설득 포인트가 그려지거나, 이 브랜드가 지금 이 시점에 광고를 하는 이유가 눈에 선명히 보일 때가 있습니다. 기획 경력이 어느 정도 생겨 이렇게 광고 속 숨겨진 의도들이 하나둘 보이기 시작하자 이런 생각이 들었어요.

'어쩌면 실제 기획서를 쓰는 것만큼이나, 지금 나오는 광고의 기획서에는 어떤 내용이 담겼을까 생각해 보는 것이 진짜 공부가 아닐까?'

TV, 유튜브, 지하철 광고 등 우리가 보는 모든 광고는 단순히 예쁘게 잘 만든 콘텐츠가 아니라, 수많은 브랜드와 광고회사 기획자들이 치열하게 고민하여 완성한 최적의 결과물입니다. 기획자는 치밀한 설득과 전략을 바탕으로 광고를 만들어 세상에 내보냅니다. 결국 우리가 접하는 광고는 브랜드들이 내린 기획의 최종 '답안지'인 셈이죠.

- 이 마케팅 활동을 왜 했을까?
- 왜 저 메시지를 메인 카피로 삼았을까?
- 왜 저 광고 모델을 선택했을까?
- 어떤 논리로 담당자들을 설득했을까?
- 광고주는 이 광고로 무엇을 전달하고 싶었을까?

광고를 볼 때마다 이런 질문들을 던지면서 기획서에 담았을 것 같은 내용을 생각해 보는 겁니다. 물론 기획서를 쓰는 것보다 이미 답이 나와 있는 광고를 보며 역으로 기획서를 되짚어 보는 것이 훨씬 쉽습니다. 문제를 풀 때 답을 모르고 끙끙대는 것과 이미 답을 보고 풀이를 다시 확인하는 것의 차이와 같죠.

저는 최근에 에이스침대 광고를 보면서 생각해 봤습니다. 에이스침대가 다시 '침대는 과학이다'라는 메시지를 밀고 있고, 광고 모델도 이전의 박보검으로 다시 돌아왔어요. '왜 광고 모델이 바뀌었다가 다시 박보검으로 돌아왔을까?' '왜 1990년대에 유행했던 '침대는 과학이다'라는 카피를 지금 다시 대대적으로 밀고 있을까?' 이런 광고가 만들어지기까지 광고회사와 브랜드 실무자들이 어떤 내용을 기획서에 담아 경영진을 설득했을까를 상상해 본 겁니다. 내가 만약 담당자라면 기획서에 어떤 논리를 담아냈을지도 생각해 보는 거죠.

물론 제가 생각한 내용이 실제로 그들이 썼던 기획서의 정답은 아닐 수 있습니다. 하지만 중요한 건 '내가 만약 이 기획서를 썼다면?'이라는 가정하에 광고를 보고 나만의 논리로 기획서의 내용을 상상해 보는 겁니다. 제가 분석한 에이스침대 광고의 배경은 다음과 같습니다.

"기성세대에게 에이스침대는 이미 확고한 신뢰를 주는 브랜드지만, 지금의 MZ세대는 선택할 수 있는 브랜드가 많아졌기 때문에, 에이스침대가 더 이상 명확한 우위를 점하지 못하고 있다고 판단된다. 그래서 무조건 핫한 모델이나 젊은 이미지만 추구하는 대신, 기존에 에이스침대가 가진 브랜드의 신뢰를 다시 한번 강력하게 각인시킬 필요가 있다.

이를 위해 대한민국 전체에 '침대는 과학이다'라는 강력한 메시지를 각인시켰던 브랜드 자산을 다시 활용해 MZ세대에게도 같은 신뢰를 심어주어야 한다."

저는 에이스침대의 광고를 보며 이렇게 배경을 유추하고, 역으로 기획서의 전략단을 작성해 보았습니다.

현황 분석

- MZ세대에게 에이스침대는 '엄마 아빠가 쓰는 전통적인 브랜드'로 인식됨
- 소비자들은 더 트렌디한 가구 브랜드를 선호하는 추세
- 수입 브랜드와 신생 브랜드와의 경쟁이 한층 치열해짐

타깃 분석

- MZ세대(20~30대) : 개성과 감성을 중시하는 소비 트렌드, 자기 정체성 표현에 관심이 높음, 트렌디하고 힙한 콘텐츠를 선호하지만 뉴트로(Newtro)에도 강한 관심을 보임
- 기존 50대, 60대 고객 : 브랜드 충성도가 높으며, 과거 '침대는 과학이다'라는 메시지에 여전히 강한 신뢰를 가지고 있음

목표

- MZ세대에게 '에이스침대의 르네상스 시대'를 부활시켜
- 엄마 아빠의 브랜드가 아닌 그들 세대의 힙한 브랜드로 리브랜딩하기

전략

- 브랜드 헤리티지(Heritage) 전략
- 브랜드가 오랜 시간 동안 쌓아온 신뢰와 자산을 지속성 있게 사용해 신뢰와 정통성을 전달
- 이미 소비자들 뇌리에 강력히 각인되어 있는 '침대는 과학이다'라는 메시지를 다시 적극적으로 사용
- 뉴트로 감성을 활용해 기존 브랜드 자산을 MZ세대에게 매력적으로 재해석하여 전달

물론 실제로 광고를 담당하신 분들의 전략은 이와 다를 수 있습니다. 하지만 이렇게 '나라면 어떻게 기획서를 작성했을까?'라는 관점에서 광고를 바라보고, 역으로 기획서를 연습해 보는 겁니다.

그리고 단어를 선택할 때에도 더 임팩트 있게 '후킹'할 수 있을까도 생각해 볼 수 있습니다. 예를 들어 전략 목표로 '에이스침대의 MZ세대 타깃 리브랜딩'이라고 쓰기보다는 '에이스침대, 르네상스 시대 부활'과 같은 임팩트 있는 문장으로 표현하거나, '기존 브랜드 자산 활용'보다는 '브랜드 헤리티지 전략'이라는 세련된 표현을 사용해 결정권자들이 기획서만 보고도 '예전의 영광을 다시 한번 누려보고 싶다'라는 두근거림을 만들어 주면 좋을 것 같습니다.

광고는 단순히 15초 정도로 빠르게 지나가지만, 그 광고를 보고 그냥 넘기는 기획자와 '왜 이 광고가 나왔을까?' '어떤 내용을 기획서에 담았을까?'라고 상상해 보는 기획자는 시간이 지날수록 엄청난 차이를 만들어 낼 것입니다.

다른 브랜드의 광고나 마케팅 활동을 접할 때마다 '이 광고를 통해 무엇을 이루고 싶었을까?'라는 관점에서 목표 설정, 타깃 정의, 메시지 구성, 전략적 근거 등이 어떻게 연결되었는지를 자주 연습해 보면 실제로 본인이 기획서를 쓸 때 생각을 더 빠르게 연결시키고, 보다 설득력 있게 작성할 수 있는 탄탄한 생각의 회로가 만들어질 것입니다.

03
좋은 문장과 단어 수집

　　　　　기획서는 결국 글로 되어 있습니다. 언뜻 보면 기획서와 글쓰기 능력은 당장은 관련이 없어 보일 수 있지만, 실제로 글을 잘 쓰면 기획력도 훨씬 빨리 성장할 수 있습니다. 우리가 쇼핑몰에서 물건을 살 때 같은 제품이라도 설명이 더 좋은 쪽을 선택하는 것처럼, 글의 힘은 결국 설득과 직결됩니다.

　다음의 다양한 마케팅 업무 중에서 글쓰기 능력이 필요 없는 분야가 있을까요?

- 퍼포먼스 마케터 - 콘텐츠 클릭 유도 문구
- 디지털 마케터 - 디지털 영상, 배너 문구, 사이트 내 소개 문구

- 브랜드 마케터 - 브랜드 스토리, 사이트 문구
- 제품 브랜드 매니저 - 프로덕트 설명, POP 문구
- 소셜 마케터 - SNS 콘텐츠, 이벤트 참여 유도, 프로모션 문구
- 이 모든 것을 실행하기 위한 설득 기획서

내가 기획하고 만드는 모든 콘텐츠나 제작물에 카피라이터가 붙어주면 너무 좋겠지만, 우리는 배너광고에 들어가는 카피를 빠르게 기획해 내보내야 하고, SNS 콘텐츠를 타이밍에 맞춰 바로 만들어야 할 때도 많습니다. 이 경우 모든 콘텐츠에 전문 카피라이터들이 투입되지는 않지요. 대부분은 우리가 기획서에 썼던 그 '카피'가 그대로 결과물로 나오는 경우가 많습니다. 그래서 모든 마케터는 글쓰기 능력을 키워야 하고, 좋은 글은 곧 좋은 마케팅을 만듭니다.

좋은 문장을 질투하라

제 동기 중 유난히 기획서를 잘 쓰는 친구가 있습니다. 그 친구의 비결은 문장을 아주 맛깔나게 잘 쓰는 것입니다. 그 친구의 기획서를 보면 PPT 한 장 한 장 허튼 문장이 없고, 말맛이 살아있고 세련되어 보입니다. 그런데 그 친구는 다른 브랜드의 멋진 카피나 문장을 보면 유난히 감탄과 질투를 많이 하는 편입니다. 괜찮은 마케팅 사례 링크를 보여주

며 "이것 봐 봐. 진짜 잘 썼지?" "와, 우리 분발해야 돼. 이런 카피를 어떻게 썼지? 졌다 졌어"라며 감탄도 하고 질투를 하기도 했습니다.

물론 누구나 감탄을 할 수는 있지요. 그런데 감탄만 하는 것과 질투를 하는 건 엄연히 다릅니다. 질투는 욕심이 들어간 거지요. '나도 저렇게 되고 싶다' 이런 욕심이 기획서 문장을 계속 멋지게 만들고 있다고 생각합니다.

- 멋진 문장을 보고 아무 생각 없는 사람
- 멋진 문장을 보고 감탄을 하는 사람
- 멋진 문장을 보고 질투하며 내 메모장에 수집하는 사람

이들 중 어떤 사람이 가장 성장할까요? 당연히 세 번째 사람의 실력이 가장 빨리 늘겠죠? 글은 질투하는 사람이 늘고, 그 글을 주워 담는 사람이 기획서를 멋지게 만든다고 생각해요. 글쓰기 실력에 왕도는 없지만 조금 더 빠르고 멋지게 가는 길은 '문장 수집 덕후'가 되는 겁니다.

문장 수집 덕후가 되는 방법

문장 수집에 관해서는 많은 노하우들이 있을 거고, 아마 여러분들이 저보다 더 잘할 거라고 생각합니다. 요즘은 노션 같은 도구들도 잘되어

있고, 다이어리를 멋지게 쓰는 분들도 많으니까요. 저는 파워 대문자 P라 정리를 워낙 못해서, 지나가다 멋진 문장을 발견하면 그냥 네이버 메모 앱에 적어 두는 편입니다. 폴더명을 '문장 덕후'라고 저장해 놓고 그 안에 문장을 쭉 쌓아 두는 거죠. 급할 때는 음성 녹음 버튼을 눌러 음성으로 저장하기도 합니다. 그리고 시간이 났을 때 한 번씩 읽어보고, 기획서를 쓰거나 아이디어를 낼 때 검색해 보면서 활용하는 편입니다.

수집한 문장에는 혹할 만한 배너 문구, 광고 카피, 책에서 읽은 강렬한 한 줄, 재미있는 단어, 단어의 새로운 정의 등이 있습니다. 최근에 제가 수집한 문장 몇 가지를 소개해 볼게요.

"사람들의 사진첩은 진짜 내 모습이 아니라, 나라고 기억하고 싶은 모습이다." — 《무례한 사람에게 웃으며 대처하는 법》 중에서

저는 종종 인스타그램에 사진을 올리는데, 사실 100장을 찍어 그중 하나만 겨우 건지고, 그것도 SNOW 앱으로 얼굴 크기를 10% 줄여 올리곤 합니다. 결국 사진첩에 남아 있는 사진은 실제 제 모습이 아니라 제가 기억하고 싶은 모습인 거죠. 이건 저만 그런 건 아닐 테니 나중에 콘텐츠가 필요하거나 마케팅을 할 때 좋은 인사이트가 될 것 같아 적어 두었습니다.

"상식은 진리다. 모두가 인정하는 법칙이었고, 상식이라는 단어는 골치 아픈 것들을 일축하는 힘을 가지고 있다." ― 소설 《율의 시선》 중에서

'상식'이라는 단어를 너무나 시니컬하면서도 깔끔하게 정의한 문장입니다. 나중에 제가 하는 기획에서 '상식'이라는 주제가 나온다면 '상식, 골치 아픈 것들을 일축하는 힘을 가진 단어'라고 쓰고, 이 문장에 브랜드 가치가 주는 색다른 반전을 준다면 정말 멋진 표현이 될 것 같아 기록했습니다.

"우리가 구축해 놓은 시장의 침입자들,
그리고 계속될 또 다른 경쟁사의 침입,
확실한 빗장을 거는 브랜드 에센스"
― 어느 브랜드 기획서의 문구 중에서

브랜드 기획서에서 '자사 브랜드 에센스 강화'라고 평범하게 표현할 수 있는 내용을 '확실한 빗장을 거는 브랜드 에센스'라고 표현한 것이 인상 깊었습니다. '강화'라는 단어보다 '빗장을 걸다'라고 표현하니 기획서가 훨씬 세련되어졌습니다. 경쟁사를 '침입자'로 표현한 것도 흥미로웠고요. 나중에 '선을 긋다' '빗장을 걸다' 같은 표현을 따라 써보고 싶어서 저장해 두었습니다.

"난 내 스스로가 너무 귀여워. 못생긴 날은 못생겨서 귀여워. 그런데 다른 사람이 못생긴 건 그냥 못생긴 사람일 뿐이야." ― 이름 모를 블로그 글에서

우연히 어떤 블로그의 일상 VLOG에서 발견한 문장입니다. 보통 여자들은 거울을 보며 '오늘 피부가 왜 이렇지?' '오늘 왜 부었지?'라며 못생긴 점만 찾아내기 마련인데, 자기 자신에게 못생겨도 귀엽다고 말하는 모습이 너무 사랑스러웠습니다. 자존감이 높고 자신을 사랑하는 페르소나를 활용한 마케팅에 꼭 써먹고 싶어 적어 두었습니다.

"시도하면 하는 대로, 안 하면 안 하는 대로 웁니다. 어디서 울지만 결정하세요." ― 김미경 강사 강의 중에서

경력 단절로 고민하는 40대 여성들이 육아만 하는 것도 속상하고, 다시 일을 시작하는 것도 두려워할 때 김미경 강사님이 한 말입니다. 유튜브 숏츠를 보다가 바로 메모했습니다. 꼭 경력 단절 여성 이야기뿐 아니라, 인생에서 어떤 선택을 하더라도 결국 후회하게 된다는 심리를 이용해 다양한 기획에서 활용할 수 있을 것 같았습니다.

제가 수집한 문장들은 에세이, 소설, 블로그, 다른 기획자들의 기획서,

그리고 온라인 강의처럼 다양한 곳에서 얻고 있습니다. 그리고 이렇게 수집된 문장들은 앞으로 내 기획서 어딘가에 자연스럽게 녹아들어 있을 겁니다.

내가 기획서를 쓸 때 카피라이터나 작가가 붙어서 도움을 주지 않습니다. 오롯이 내 글과 표현으로 내가 하고 싶은 것들을 직접 컨펌받아 내야 하지요. 여러분도 좋은 문장을 보면 그냥 지나치지 말고, 문장을 질투하고 욕심 내어 메모장에 꼭 담아 두세요. 어느 날 그 문장들로 수준급 기획서를 탄생시키는 기쁨을 맛볼 수 있을 겁니다.

04

기획력을 높이는
회의법

　　　　　광고회사나 홍보회사에서의 기획회의 현장을 한번 떠올려 볼게요. 보통 팀원들은 다이어리나 노트에 아이디어의 단초가 될 만한 레퍼런스와 생각을 정리해 옵니다. 어떤 사람은 관련 기사나 접근방법을 찾아오고, 누군가는 실행가능한 아이디어를 제안하기도 합니다. 그렇게 다 같이 둘러앉아 다양한 의견을 주고받지요.

"제가 찾아보니 이런 기사도 있더라고요."

"이런 아이디어는 어때요?"

　그런데 팀장님이 갑자기 "그래, 그런 접근 괜찮은데. 그럼 그걸로 뭘 할 수 있을까?"라고 묻자 일순간 침묵이 흐릅니다. 아이디어의 조각에서 더 구체적인 아이디어로 이어지지 못하기 때문입니다. 조용히 시간이 흐르다 누군가 용기를 내어 새로운 아이디어를 제안하지만 기대했던 것과 달리 미지근한 반응만 돌아오기도 합니다. 그러면 다시 침묵이 흐릅니다.

이런 회의는 오후 내내 이어지고, 결국은 결론을 내리지 못한 채 "그럼 20분 후에 다시 모입시다"라는 말과 함께 야근으로 이어지는 일이 흔합니다. 심지어는 각자 맡은 부분을 급하게 써 와서 억지로 합치는 비효율적인 상황으로 귀결되기도 합니다.

완성형 기획서를 통한 효과적 회의법

이번에는 완전히 다른 방식의 회의 모습을 소개해 보겠습니다.

하나의 미션이나 오리엔테이션을 받으면 팀장은 모든 팀원들에게 고민할 며칠의 시간을 줍니다. 그리고는 신입사원부터 차장급까지, 연차에 관계없이 모든 멤버가 각자의 논리적인 전략과 실행 아이디어, 프로세스까지 담긴 '완성형 기획서'를 준비해 옵니다. 즉, 단순한 아이디어 조각이 아니라 전체적으로 완결된 기획안을 각자 작성하는 겁니다.

회의시간에는 모든 팀원이 돌아가면서 준비한 완성형 기획서를 발표합니다. 각자가 자기 기획안의 주인이 되어 자신만의 맥락과 흐름으로 내용을 전달하고, 팀원들은 그 기획안에 대해 피드백을 줍니다 이렇게 진행하다 보면 우리의 미션과 문제를 해결할 최적의 기획안이 1~2개로 좁혀지고 선택됩니다.

  이후에는 선정된 기획안을 더욱 탄탄히 만들기 위한 논의가 진행됩니다. 때로는 여러 사람이 가져온 기획안에 흩어져 있던 아이디어나 레퍼런스가 합쳐져 더욱 견고하고 발전된 기획서로 완성되기도 합니다.

  이 방식의 가장 큰 장점은 아이디어 부족으로 인한 침묵이 없다는 겁니다. 모든 멤버가 준비된 상태로 참여하기 때문에 생산적인 의견 교환이 활발히 이루어지고, 자연스럽게 기획력을 키울 수 있습니다. 단순한 아이디어 단초들이 아니라 전략과 실행으로 이어지는 기획서를 작성하는 능력이 빠르게 성장합니다.

  물론 이렇게 완성형 기획서를 준비하는 방식은 각각의 개인에게는 부담스럽고 힘들 수 있습니다. 하지만 즉흥적인 아이디어 조각으로 이루어진 회의는 준비기간은 가벼울지 몰라도, 결국에는 비효율적인 결정과 정리 과정으로 인해 오히려 생산성이 떨어지고 야근으로 이어집니다.

  결국 **기획력을 키우는 가장 확실한 방법은 작은 기획이라도 혼자 처음부터 끝까지 써보는 겁니다**. 이렇게 완성형 기획서로 회의를 하는 것은 회사의 생산성을 위해서도, 또 개인의 프로페셔널한 성장을 위해서도 가장 좋은 방법입니다

05
이기는 생각 vs 지는 생각

마지막으로 이번 장에서는 기획서에 대한 내용보다는 마인드에 대한 이야기를 해보려고 합니다.

저는 광고회사를 다니고 있기 때문에 미팅이 참 많습니다. 기획 프로젝트 클라이언트와의 미팅, 다른 파트너 부서와의 미팅, 그리고 크고 작게 임원이나 팀장님들과의 면담까지 말이죠.

제가 대리 시절에는 미팅에 들어가기 직전 늘 이런 생각을 했어요.

'아, 오늘 까이면 어떻게 하지?'

'광고주가 마음에 안 들어 해서 수정하느라 또 날 새면 어떡하지?'

팀장님이 부르실 때면 이런 생각도 했었어요.

'혹시 내가 뭘 잘못했나?'

그런 생각을 한 날은 정말로 미팅에서 까이는 경우가 많았고, 팀장님 면담 후엔 "자신감이 없다"는 말을 듣기도 했습니다. 심지어 한 팀장님은 연말 고과면담 때 이렇게 말씀하셨습니다.

"너는 경쟁력 있는 모습과 실력에 비해 왜 그렇게 자신감이 없어? 그거 하나로 너의 장점이 아무것도 생각나지가 않아."

그 말 한마디에 저는 거의 한 달을 끙끙 앓으며 지냈습니다. 누구에게도 말할 수 없었죠. 이런 내성적인 성격 때문인지 저는 몇 년 전 방영되었던 'HERA loves SEOULISTA' 광고에 매우 끌렸습니다. 이 캠페인은 박찬욱 감독님이 촬영을 맡았던 광고로, 서울이라는 화려한 도시 속에서 치열하고 아름답게 살아가는 여성들의 모습을 그렸어요. 광고는 이렇게 시작합니다.

"도시의 표정은

그 도시의 여자와 닮았다.

우리의 도시에는

발길을 사로 잡는 순간들이 있다.

그곳에는

고민을 멈추지 않고

치열하게 움직인

당신의 열정이 스며 있다.

(이미지 출처: 서울리스타 헤라 광고 장면, 유튜브 캡처)

이 도시의
아름다움을 찾다 보면
언제나 당신의 이야기와
만나게 된다.
이 도시의 빛나는 순간들을 만들어 낸 건
언제나 당신이었다."

저는 사실 이 카피보다 광고 속 한 장면을 더 좋아합니다. 누가 봐도 일과 삶 모두 완벽해 보이는 칼단발의 여성이 엘리베이터를 타고 중요한 미팅 장소로 향하는 장면인데요, 그녀의 얼굴에는 긴장감이 가득합니다. 그런데 회의실 문 앞에서 그녀는 잠시 멈춰서더니 크게 한 번 숨을 들이쉽니다. 그리고 다시 자신감 넘치는 걸음으로 들어갑니다. 그 짧은 순간, 대사 한마디 없지만 그녀의 그 '큰 숨' 안에는 이런 메시지가 녹아져 있었습니다.

"나는 해내고 만다."

꽤 오래전 광고임에도 불구하고, 저는 이 여성의 '큰 숨'이 나오는 장면이 잊혀지지 않습니다. 당시 저는 내 기획을 설득하는 것이 어렵고, 내 기획을 가지고 회의실에 당당히 들어가서 발표하는 것이 두려웠기 때문에 이 광고에서 미팅에 들어가기 직전 스스로에게 자신감을 불어넣는 장면이 굉장히 강렬하게 다가왔던 거죠.

이기는 마인드 갖기

몇 년이 지난 지금, 저는 스스로에게 불어넣는 다짐과 노력들을 모아 '이기는 마인드'를 몸에 장착하려고 노력합니다. 중요한 프레젠테이션이나 미팅에 들어가기 전, 아무리 급한 상황이라도 숨을 크게 한 번 쉬고 머릿속으로 이렇게 주문을 겁니다.

'내가 오늘 이긴다!'

'내가 이 발표 씹어 먹는다!'

'내가 당신들 머리 꼭대기에 있다!'

예전 어느 강연에서 방송인 장도연도 비슷한 이야기를 했습니다. 본인도 기가 센 편이 아니라서 아무리 마인드 컨트롤을 해도 일을 시작하기 전에 자꾸만 두려운 생각이 든다는 겁니다. 그럴 때 그녀가 자신에게 하는 주문은 바로 이겁니다.

'나 빼고 다 X밥이다!'

이 말을 듣는데 제 속이 다 시원하더라고요. 이런 마인드를 가지면 실제로 어떤 일이 벌어지는지 아세요? 정말 상대방의 의도가 뻔히 보이기 시작합니다. 그러면 그 자리에서 내가 어떤 말을 해야 하는지, 어떻게 해야 내가 우위를 점할 수 있는지까지 보이기 시작합니다.

반대로 이미 질 거라고 생각하고 들어가면, 진짜로 지고 나오는 경우가 많습니다. 그런데 이겼다고 마음먹고 들어가면 상황을 주도하게 됩니다. 결국 생각하는 대로 되는 거죠.

기획서를 작성하고 발표하는 일은 기획회사에서 10년을 넘게 있어도 여전히 어려운 일입니다. 그래서 지금도 여전히 나 자신에게 끊임없이 의심을 하고 있습니다. '내가 하는 기획이 맞는 걸까?' '왜 이렇게 기획이 어려울까?' 이런 의심이 때로는 좋은 기획으로 이어질 수 있지만 결국 상황을 바꾸는 것은 스스로 가진 이긴다는 생각, '이기는 마인드'입니다.

그래서 저는 매일 출근할 때마다 회사 입구에서 숨을 크게 한 번 들이쉽니다. 그리고 이렇게 말하죠.

"오늘도 이겨보자!"

참고문헌

- 러셀 브런슨, 《마케팅 설계자》, 이경식 역, 윌북, 2022

- 촉촉한마케터(조한솔), 《내 생각과 관점을 수익화하는 퍼스널 브랜딩》, 초록비책공방, 2022

- 복주환, 《생각정리스킬》, 천그루숲, 2023

- 대니얼 카너먼, 《생각에 관한 생각》, 이창신 역, 김영사, 2018

- 알 리스, 잭트라우트, 《마케팅 불변의 법칙》, 이수정 역, 비즈니스맵, 2024

- 자청, 《역행자》, 웅진지식하우스, 2023

- 정문정, 《무례한 사람에게 웃으며 대처하는 법》, 포레스트북스, 2023

- 김민서, 《율의 시선》, 창비, 2024

모든 아이디어는 기획서로 완성된다
기획의 시작점에서
읽어야 할 책

초판 1쇄 인쇄 2025년 9월 20일
초판 1쇄 발행 2025년 9월 30일

지은이 심정아
펴낸이 백광옥
펴낸곳 ㈜천그루숲
등 록 2016년 8월 24일 제2016-000049호

주소 (06990) 서울시 동작구 동작대로29길 119
전화 0507-0177-7438 **팩스** 050-4022-0784 **카카오톡** 천그루숲
이메일 ilove784@gmail.com

기획 / 마케팅 백지수
인쇄 예림인쇄 **제책** 예림바인딩

ISBN 979-11-93000-80-9 (13320) 종이책
ISBN 979-11-93000-81-6 (15320) 전자책

저작권자 ⓒ 심정아 2025

이 책의 저작권은 저자에게 있습니다. 서면에 의한 저자의 허락 없이
내용의 일부를 인용하거나 발췌하는 것을 금합니다.

• 책값은 뒤표지에 있습니다.
• 잘못 만들어진 책은 구입하신 서점에서 교환해 드립니다.
• 저자와의 협의하에 인지는 생략합니다.